顺丰而为

王卫

SF EXPRESS

李芏巍　甘盖凡　薛战雷◎著

中国经济出版社
CHINA ECONOMIC PUBLISHING HOUSE
北　京

图书在版编目（CIP）数据

顺丰而为王卫 / 李芊巍，甘盖凡，薛战雷著．
— 北京：中国经济出版社，2020. 6

ISBN 978-7-5136-5845-4

Ⅰ．①顺… Ⅱ．①李… ②甘… ③薛… Ⅲ．①王卫－生平事迹 ②快递－企业经营管理－经验－中国 Ⅳ．①K825.38 ②F632.3

中国版本图书馆 CIP 数据核字（2019）第 187146 号

责任编辑　耿　园
责任印制　马小宾
封面设计　久品轩工作室

出版发行　中国经济出版社
印 刷 者　北京艾普海德印刷有限公司
经 销 者　各地新华书店
开　　本　710mm × 1000mm　1/16
印　　张　15.5
字　　数　228 千字
版　　次　2020 年 6 月第 1 版
印　　次　2020 年 6 月第 1 次
定　　价　58.00 元
广告经营许可证　京西工商广字第 8179 号

中国经济出版社　**网址** www. economyph. com　**社址** 北京市东城区安定门外大街 58 号　**邮编** 100011
本版图书如存在印装质量问题，请与本社销售中心联系调换（联系电话：010-57512564）

推荐序

PREFACE

顺丰王卫：从穷小子到亿万富翁的创富人生

当今社会，对于千千万万在城市里打拼的年轻人来说，要想迅速获得高收入，送快递显然是份比较靠谱的工作，但是，这些人或许并没有意识到，这份工作还可以让他们赚得更多，因为就有这么一个人，在快递行业干了二十几年，硬是通过送快递赚到了几百亿美元的财富。

这个人是谁呢？他就是顺丰快递总裁王卫。

1993 年，22 岁的王卫在广东顺德创立顺丰速运。当时，这家公司算上王卫，只有 6 个人，创业启动资金只有可怜的 10 万港元，还是王卫硬着头皮向父亲借的。

可到了 2016 年，顺丰已经拥有二十多万名员工，当年净利润达到惊人的 43 亿元人民币，比圆通、申通和韵达这三大民营快递公司的净利润总和还要多，独占快递行业的半壁江山！

2018 年，顺丰营收更是接近千亿元，达到了 909.43 亿元，同比增长 27.6%。

目前，顺丰的经营规模、网点覆盖率和市场份额仅次于中国邮政集团公司（EMS），在中国快递企业中排名第二，在中国民营快递企业中排名第一。

二十多年前，当王卫带着大包小包往返于顺德到香港的陆路通道时，他肯定想不到，未来的顺丰会成为不折不扣的行业领跑者。

二十多年后，王卫已成为顶级的企业家，外界对他仍知之甚少。

在中国企业界甚至流传着这样一个段子：你天天见到马云，但是见不到他的员工；你天天见到顺丰的员工，但是绝对见不到它的老板——王卫。

与很多热衷于作秀的企业家不同，王卫为人低调，几乎不接受任何媒体的采访，也从不喜欢在公众场合抛头露面。网上关于他的照片很少，在一张流传最广的照片中，王卫穿着蓝色牛仔衬衣，看起来就像一名蓝领工人，十分平凡。

不过，互联网上关于他的传奇却不少：

关闭与阿里巴巴旗下菜鸟网络对接的数据接口，一手挑起物流业数据大战，引发"行业地震"，搅动整个互联网，让马云既敬畏又无奈，是马云亲口承认的"最佩服的人"。

为了顺丰，王卫曾9次抵押全部身家，甚至被人追杀。

联邦快递曾开出四五十亿元人民币的高价想收购顺丰，但王卫却给出了掷地有声的回答："'儿子'不是用来卖的。"

花旗银行曾开价1000万美元，只为得到一个与顺丰合作的机会。

风投对他百般追捧，花50万元征寻中间人，只为与他共进晚餐。

香港狗仔"埋伏"数月，只为拍一张他的照片。

每年，王卫都会去一线体验工作，这也是顺丰高层的习惯之一。在某一年的"双11"，网上还流传着王卫在一线工作时和快递员的合照。

一名顺丰快递员在送件时，与一辆轿车发生剐蹭。结果，快递员遭到轿车司机的辱骂，并被怒扇了6个耳光。得知消息后，王卫一改低调作风，在微信朋友圈中发声："如果这事我不追究到底，我不再配做顺丰总裁。"

顺丰在深交所上市，与王卫一起出席敲钟仪式的就是那名被打的快递员。

如此等等，似乎越是神秘，人们越是乐于将这位企业家传奇化。

可事实上，越是传奇的人物，其经历也就越曲折艰辛。

顺丰刚转向直营模式时，正是民营快递加盟店开得风生水起之时，当时直营前途难料，王卫是如何毅然转型，并成功应对的呢？

面对国外巨头的收购和各种风投的诱惑，他又如何做到了心如止水？

在强大的民营快递“桐庐系”面前，他靠什么反击并一路领先？

当企业发展到瓶颈阶段，他又如何勇敢涉水，向新领域发起突袭？

面对二十多万的庞大员工群，他是如何管理的？

在千钧一发的时刻，他是如何保持清醒的头脑，从容度过危机？

……

的确，低调的王卫身上有太多的“谜”值得我们揭开。

2017 年 2 月 24 日，顺丰控股在深交所敲钟上市，之后，顺丰股价一路飙升，王卫的身价也在飞涨，超过李嘉诚、马化腾，并一度超过马云，直逼王健林，最终稳坐中国富豪榜第三的位置。

自此，一向低调的王卫也开始暴露在聚光灯下，越来越多的人开始对这位新晋超级富豪刨根问底，正如一句西方谚语所说，“羊群里藏不住骆驼”，在企业家中堪称出类拔萃的王卫也登上了舞台。

2018 年，在京东物流和菜鸟网络的双重挤压下，王卫开始走扩张转型的道路，先后在重货、冷运、供应链等领域积极布局。后来，因资金不够，王卫又发布了债务融资产品。这种扩张转型的“阵痛”，导致顺丰的股价不断下跌，王卫的身价也大幅缩水，日子很不好过。2019 年前三个季度，顺丰的运营情况出现好转。在“2019 福布斯中国 400 富豪榜”上，王卫以 1011.1 亿元的身价排在第 11 位。

那么，王卫到底是一个怎样的人？他的创业有什么传奇经历？他在经营上有什么秘诀？在管理方面有哪些心得？更重要的是，他靠什么带领顺丰称霸竞争惨烈的快递行业？……一切关于王卫与顺丰的谜题，本书都将一一揭开，为你真实还原王卫的创业历程，顺丰的商业传奇。

著名经济学家、剑桥大学中方博士后导师　孙飞

序言
PREFACE

顺丰，不只是快递——顺丰物流帝国的前世今生

有人说，顺丰这两年越来越高调。的确，建机场、为员工出头、布局电商、涉足金融、借壳上市、大战阿里巴巴……一切迹象似乎都在告诉我们，这只是个开始。对于这个口碑、信誉都称得上顶级的民营企业来说，送快递已不再是顺丰的全部使命。

以前提起顺丰，大多数人认为它就是一家快递公司，和“四通一达”（圆通速递、申通快递、中通快递、百世汇通、韵达快递）无异，明显的区别就是价格高但速度快。不过，当顺丰借壳上市的重大资产置换公告发布后，这个神秘的帝国就全部展现在了世人面前。

原来，快递业务只是顺丰的基石，而并非全部。

公告显示，顺丰的主营业务包括快递、仓储配送、冷运、供应链、重货运输及金融等业务板块，为客户提供包括物流、金融服务、信息服务在内的一体化解决方案。

在王卫的战略布局中，国内速递、国际快递、仓储、顺丰航空仅仅是其中

的 1/3，他要将顺丰的触角延伸得更远，即打造包括 B2B、B2C、C2B、O2O 的全零售布局，以及与之配套的金融、移动互联、大数据战略等。

对此，王卫用一句话描述了顺丰的蓝图：打造物流领域的“百货公司”。

最具存在感的快递业务，仅仅是顺丰业务板块的一部分，而仓储、冷运、供应链和重货运输配合快递构成了顺丰的整个物流生态。只不过，这些业务针对的都是企业端，所以多数人见到的只有顺丰快递员。

当然，快递业务始终是顺丰的核心业务，要了解顺丰，就必先了解其快递业务。

2009 年，《中华人民共和国邮政法》修订通过并颁布实施。自此，一直以来游走于灰色地带的民营快递业终于摘掉了“黑户”的帽子，成为法律认可的正规企业。随之而来的是愈加严格的监管规则，众多小型快递企业纷纷出局，顺丰、“四通一达”等大型民营快递公司“跑马圈地”，进入飞速发展时期。

2016 年，圆通、申通、中通、韵达纷纷上市，民营快递资本之战拉开帷幕。

2017 年，顺丰速运借壳鼎泰新材(002352. SZ)上市，市值高达 2794. 70 亿元，高居深市第一。以此计算，王卫身价达 1800 亿元，成为中国民营快递行业的首富。

王卫有哪些传说？顺丰凭什么领跑快递行业？

顺丰可能是中国快递业中知名度最高、口碑最好、最成功的公司，以至于很多人直接将中国快递分为两种：一种是顺丰，一种是其他快递。而且，顺丰不仅是一家快递公司，还涉足仓储、冷链运输、生鲜电商以及金融等业务（见图 0-1），可以说是一个庞大的商业帝国。

对于如何取得成功，顺丰掌门人王卫的回答很简单：因缘际会。

然而，顺丰的成功真的只是“因缘际会”四个字能概括的吗？当然不是。经过二十多年的发展，顺丰如今在国内速运市场中的成绩无人能及，这背后更多的是以王卫为首的顺丰人一点一滴的努力和坚持。

时光倒回1993年。广东深圳，一个年轻人骑着一辆破旧的摩托车穿行在大街小巷，摩托车后座上放的全是包裹，年轻人满是汗水的脸上没有丝毫疲劳或厌倦，只有满满的希望。这个年轻人，就是王卫。

图0-1　顺丰业务板块一览

最开始，王卫并不是专门送快递的，只是经常受朋友所托，从香港将包裹免费带到深圳，送到指定人手中。时间一长，眼光敏锐的王卫看到了其中的商机——既然市场需求这么大，能否成立一家公司专门做运送业务呢？

王卫把自己的想法告诉了父亲，父亲的支持使他得到了创业之初的10万港元资金。然后，王卫与5个朋友合作，成立了专送快件的顺丰公司。

创业初期，在经历了一段时间的野蛮生长之后，目光独到的王卫做出了一个重要决定：专注做小型快件。一年后，他又对小型快件做了进一步细分，专注其中19%的中高端客户，为这些客户提供高标准、高价格的服务。就这样，这个二十多岁的年轻人，开启了通往荣耀的大门。在众多民营快递企业混战乱作一团时，顺丰牢牢地控制着中高端小型快件市场，并迅速积累财富。之后王卫又将这些财富投入到提升服务的软硬件上，反过来又赢得了更多的优质客户……就这样，顺丰在行业内的美誉度越来越高，也逐渐与其他快递公司拉开了距离。

那么，顺丰会不会就此满足呢？当然不会。在民营快递初创期，客户的需求只是“有”，而到了民营快递繁盛期，客户就不再满足于“有”了，还需要价格好、服务好。这是人类的普遍心理，就像解决了温饱问题，人们自然会想要吃得更好、穿得更好。面对这种形势，顺丰趁势推出了各种有针对性的服务，并不断提高软硬件质量，很快就脱颖而出，成为行业翘楚。

此外，顺丰的目标不只是在国内。

在2014年3月举行的中国发展高层论坛年会上，李克强总理曾向境外参会代表之一联邦快递董事会主席、总裁及首席执行官施韦德介绍顺丰这个雄心万丈的中国竞争者：“我曾经问中国顺丰快递公司的负责人：‘你们的目标是做中国的FedEx（联邦快递）吗？’他跟我说：‘不，我们要超过FedEx，做世界级的快递公司！’”

顺丰不只是这样说的，也是这样做的。

2017年2月24日，顺丰在深交所上市。2月28日，在连续4个交易日涨停后，顺丰控股的股价从2月24日的55.21元/股一路上涨至66.8元/股，股价上涨了21%。以当日收盘价计算，顺丰控股市值高达2794.70亿元，高居深市第一。

按照市值排名，顺丰成为继联合包裹服务（UPS）、联邦快递（FedEx）和德国邮政（Deutsche Post）后的全球第四大快递公司！

在这个“资本为王”的时代，公司背后有着越雄厚的资本撑腰，就越能在市场上攻城略地。而上市融资是获得资本最快捷的途径，如抽水机一般的中国股市，能为上市公司提供源源不断的资金来源。

当然，每个硬币都有正反两面，上市有利亦有弊。其弊处在于，完成上市后，顺丰将受到资本市场和经营业绩两方面的挑战，不管是财务还是经营，都必须透明，成为一家完全透明的公共公司。投资人会密切关注顺丰的管理和经营等情况，而且顺丰还要及时准确地进行信息披露。这无疑不利于其制订战略计划，毕竟，作为一家正在快速成长的企业，无法保护自己的商业机密显然是一大硬伤。

另外，上市前，顺丰虽说是行业老大，但也有一些民营快递行业共有的弊端，如快递服务质量时而让人诟病等。而且，公司上市后，顺丰管理层几乎都摇身一变成为超级富翁，在这种情况下，其注意力可能会有所分散，也有可能与基层员工产生隔阂，对公司发展造成负面影响。

当然，上面种种都只是“可能”，至于顺丰以后的路能否继续顺风顺水，能否超过联邦快递，能否成为世界级的快递公司，我们只能衷心祝愿，并拭目以待。

了解完顺丰的快递业务，我们再来看一看顺丰的其他板块。

2017 年 6 月 1 日，中国市值最大的快递物流企业——顺丰，和阿里巴巴旗下最大的物流及供应链平台——菜鸟网络，进行了一场隔空“互怼”的大战。

此次事件的起因与经过，可以用京东 CEO 刘强东的一段评价来总结：“（菜鸟网络）本质上是在几个快递公司上搭建数据系统，几家快递公司的大部分利润都会被菜鸟物流吸走。快递公司也知道这一点，只是现在已经没有能力离开了，不听它的，你被它踢出去，包裹量可能 50% 就没有了。”

事实上，在这场大战开始之前，顺丰与菜鸟网络的关系一直都是若即若离。

菜鸟网络成立的时候，顺丰也是参与者，占有 1% 的股份。后来，随着业务的发展，顺丰与菜鸟网络之间出现矛盾。于是，顺丰联合申通、中通、韵达等公司另起炉灶，成立了丰巢公司，与菜鸟网络形成竞争的格局。

除了与阿里巴巴在物流上的竞争，王卫的野心也不止于将顺丰做成一家快递公司。

早在 2009 年，顺丰就开始涉足电商领域。2014 年 5 月，顺丰推出了 O2O 业务“嘿客”，投入巨大的人力和财力在全国铺开便利店。虽然该业务以失败告终，但顺丰并未就此停止在 O2O 和电商领域的探索，而是将其整合进电商平台“顺丰优选”中，希望凭借顺丰的物流、仓储、门店等资源优势在电商行业的上下游都分一杯羹。另外，互联网界一度有消息传出，顺丰有意接手百度外卖业务，可见顺丰在 O2O 上不仅没有死心，甚至还有与阿里系的饿了么和腾讯系的美团外卖竞争的野心。

2011 年 4 月，顺丰又将触角伸向金融领域，成立了顺丰恒通支付有限公司，推出了互联网金融平台“顺手付”。2016 年 12 月，顺丰恒通支付有限公司获得央行颁发的支付牌照；2017 年 4 月，“顺手付”正式升级为“顺丰金融”。

2013 年 12 月，顺丰正式成立了食品供应链事业部，随之又很快推出了“仓、干、配、销”一体化的行业解决方案，开始发力冷运业务，在顺丰优选的助推下，其冷运业务已经迅速扩张到了全国的 50 多个城市。

2017 年 2 月，顺丰实现借壳上市，在连日涨停后，市值一度突破 3000 亿元，王卫的身价也一度超越马云。

从以上事实不难看出，对于充满雄心壮志的王卫来说，他绝对不会甘心让自己一手创建的顺丰止步于快递业。成为中国互联网生态中的又一极，赶超阿里巴巴、腾讯等互联网巨头，才是王卫的终极目标。

目录
CONTENTS

PART 1

进击的巨人——顺丰帝国传奇

PART 2

低调的王者——王卫的成功之道

PART 1

进击的巨人——顺丰帝国传奇

从创立初期的野蛮生长到大刀阔斧的“削藩运动”，从激战“四通一达”到大战菜鸟网络，从布局互联网、进军电商到跨界金融、借壳上市……顺丰，这个中国民营企业中的佼佼者，如同一位进击的巨人，不断扩张着自己的版图，在缔造了一个超级商业帝国的同时，也书写了中国企业史上独一无二的传奇。

第 1 章

崛起：野蛮生长，从快递员到亿万富翁的逆袭史

萌生于荒野之中，崛起于闾巷之内。

上面这句话就可以概括顺丰从初创到现在的历程。作为一家民营公司，顺丰的崛起堪称奇迹：仅用 20 余年时间，年销售额达到 600 亿元，员工超过 30 万名，成为中国民营快递行业当之无愧的“领头羊”。那么，在顺丰快速崛起的背后，又有着什么样的精彩故事呢？

蓝领起步，创业之初多艰辛

飞蛾在蛹中，翅膀萎缩，变得非常柔软；在破茧而出时，必须要经过一番痛苦的挣扎，才能让体液流到翅膀上，使翅膀充实有力，支持它飞向空中。

不经历风雨，怎能见彩虹？干什么事情都必须艰苦奋斗，尤其是在刚开始的时候，更要承受住各种艰辛和磨难。创业也是如此，“创业维艰”“创业百难”，说的就是这个道理。

1971 年，王卫出生于上海。他的家境还算不错，父亲是一名空军俄语翻译，母亲是一名大学老师，典型的书香之家培养了王卫骨子里的儒雅之气。

7 岁时，王卫随家人搬到香港居住。当时的香港，商业氛围浓厚，竞争激烈，在这样的环境中，王卫自然而然地被熏染出了一定的商业头脑。

高中毕业之后，王卫没有继续升学，而是在叔叔的手下做小工，可以说是一个标准的蓝领，而他的事业，也正是从蓝领起步的。说到这里，我们不难发现，王卫的这种起步模式，与李嘉诚颇为相似。或许，于最低处开始，摸爬滚打，最容易练就一身过硬的致富本领。

20 世纪 90 年代初期，邓小平“南方谈话”后，开放的内地成为众多香港人打拼的新战场。这一段时间，有 8 万多家香港制造工厂转移到了内地，其中有 5 万多家设在了珠三角地区。当时顺德县委书记欧广源的一句话广为流传：“几乎每天都有企业开张，天天都是鞭炮不断。”

受这股风潮的影响，不甘只做小工的王卫心思也活络了起来。正所谓“初生牛犊不怕虎”，年轻气盛的王卫敢想敢做，看到别人做生意赚了钱，也去模仿。可惜时运不济，结果都失败了。不过，在这个过程中，王卫也并不是一无所获。因为经常往返香港、顺德两地，他结识了不少生意场上的朋友，更重要的是，因为经常受朋友所托捎带东西，他发现了一个赚钱的契机。一方面，随着大量的香港人进入内地打拼，他们的家人基本都在香港，邮寄需求一下子就变得非常大。另一方面，因为香港与珠三角分属不同的关税区，邮寄往往要花上两三天。“工厂里缺一个急件，今天说，明天就要。可要去报关，得等一个星期，谁能等得起？”一位与王卫同期创业，后来专攻保税物流业务的深圳公司老板这样回忆道。王卫敏锐地看到了这个市场空白，萌生出一个想法：开一家物件收发公司，专门为香港和顺德的客户运送货物！

想到就要做到。认定这个生意能赚钱后，王卫立马返回香港，向父亲借了 10 万港元的创业资金，与 5 个朋友合伙在顺德开了一家名叫“顺丰”的快递公司。同时，王卫还在香港的砵兰街租了间几十平方米的店面，用来接货和派货。起步时，顺丰的业务并不规范。除了顺德到香港的陆路口岸，番禺到香港和澳门的快船也是王卫当时倚重的业务路线。

创业之初，公司仅有资本 10 万港元，员工加老板只有 6 个人，地盘也小得可怜。一位港商回忆说：“顺丰早期在顺德的容奇港有两艘船，分别叫‘顺峰’和‘顺德’，除了载人，还帮忙托运信件。早期每天两班，后来逐渐增多。一趟航班只需要两个多小时，所以上午的信件下午就可以到达香港，抵港后再找人搬运过关。当时的顺丰并不负责派送，船抵香港后，收信方得亲自去收取。顺丰在香港九龙太子有一个固定的收件点，现场只有一两名工作人员，放了几个筐，工作人员嚷着：‘顺德的放这边。’可能叫嚷的人中就有一个是王卫。”谁能想到，就是这样一家毫不起眼的小公司，会发展成今天的快递龙头企业呢？

古今中外所有伟大的创业者，在创业初期都十分艰辛。比如马云，最初的创业选择是和朋友一起创办翻译社，结果一开始就面临窘境。第一个月收入700元，连房租都不够交。怎么办？为了让事业继续下去，马云只能把翻译社的一半店面出租给别人，他去做兼职，背着麻袋去义乌批发鲜花、手电筒、内衣、袜子、工艺品来卖——这看起来还算是个老板。后来他就不得不上门推销商品，受尽了各种白眼，也吃尽了各种苦头。

王卫也是如此。刚开始是顺丰最艰难的日子，也是王卫最忙的日子。每天凌晨，王卫就开始干活：取货、装货、送货。一个人干了快递员能干的所有工作，一忙就到深夜，一天仅休息三四个小时，不眠不休也是家常便饭。

创业是艰辛的，也是充满激情的。看到老板王卫亲力亲为，员工自然也不会有任何怠慢。那段时间，大家围在王卫身边，同吃同住，每天早出晚归，每个人都像疯了一样地工作。有的员工磨破了十几个背包和拉杆箱，有的员工翻烂了几十张地图，还有的员工因为着急送货出了车祸……可以说，创业初期，王卫和他的团队就是在拿命拼事业。其实，不仅是创业初期，这种拼命精神在现在的顺丰也是一种重要的企业文化。

的确，创业多艰辛，如离乡背井、抛妻别子、寂寞孤独、上当受骗、遭遇失败乃至血本无归等。但是，面对种种艰辛，若你能像王卫那样，连命都拼上，又有什么承受不了呢？

割肉抢地，26 岁垄断几乎所有通港快件

在创业早期，选择往返香港与珠三角之间做快递的王卫，可以说是第一个“吃螃蟹的人”。再加上创业团队都是拼命干事业，顺丰的生意很快红火起来。但商界从来不缺跟风赚钱的。快递业的市场空间和发展潜力都很大，盈利高，又有前人引路，自然很快吸引了一大批淘金者。这些人或者像王卫一样，几个人一起成立一家小公司，或者单打独斗。于是，大大小小的快递公司在珠三角如雨后春笋般。这个时期的珠三角地区，快递业熙熙攘攘，人潮拥挤，虽然混乱，却也焕发勃勃生机。

随之而来的自然是惨烈的市场竞争。作为最早入行的一批人，王卫和他的团队凭借不怕苦、不怕累的拼命精神，初步站稳了脚跟，完成了原始积累。这个时候，面对众多虎视眈眈的对手，如何迅速抢占市场、增加业务，就成了王卫思考的重中之重。毕竟，残酷的市场竞争不容许顺丰有任何懈怠，否则下一个倒下的可能就是自己。

那么，具体又该怎么办呢？

市场竞争，讲究的是“人无我有，人有我优，人有我廉”。对于顺丰和王卫来说，在别人还没有发现商机的时候率先进入，这是人无我有；用拼命精神，比别人更好、更快地送快递，这是人有我优；接下来，当越来越多的人进入这个行业的时候，顺丰要做的自然就是在价格上下功夫，做到人有我廉了。

在商业竞争中，作为快速击败对手、提升市场销量和抢占市场份额的强大

武器，低价一直是很多初创企业脱颖而出的“撒手锏”。

众所周知，现在的顺丰，其快递收费在业内绝对算是高价，他们拼的是服务，是速度。可是在最初发展的时候，王卫走的却是和许多初创企业一样的路——价格战。当时，为了在竞争中吸引到更多的客户，拿到更多的订单，王卫使出降价的“撒手锏”：别人送一件货要 70 元，他就只收 40 元；较偏远的地方，别人不给 100 元不接单，他收 80 元也照样送过去。

价格战这种割肉抢地的方式虽然比较粗暴，但效果却很好。通过价格战，顺丰的触角迅速延伸到整个珠三角地区。就连公司所在的那条鲜有人走动的街道，在顺丰人的带动下，也迅速繁荣起来。直到现在，当地的街坊依然记忆犹新：“我们这条街本来很冷清，他来了之后，一直有车拉货。慢慢地，别的公司也在这儿开张，还有很多其他的店。是他带动了我们整条街的兴旺。”

“杀敌一千，自损八百”是很多人对价格战最直观的认识，事实也的确如此。因为以抢占市场为目标的价格战，目的首先不是盈利，而是市场，没有“自损八百”的勇气肯定是不行的。然而，只有“自损八百”的勇气也不行，还要保证不输掉价格战，因为你的价格降得再低，对手都可能比你更低。那么如何保证不输呢？关键就在于创造客户青睐的产品和服务。

顺丰能够打赢价格战的原因在于：规模分摊成本，服务产生利润。快递行业成长初期，毛利很高，规模是第一位的。每当一个地区的业务量形成一定规模后，顺丰就会在当地寻找一个加盟商，注册一家新公司，以点带面，不断扩大经营规模，同时保证服务优于对手。这就使其在打价格战时，有了输血的空间，在击败对手的同时，还能保持盈利。

1996 年，通过价格战和相对优质的服务，顺丰很快在与同行的竞争中突围，甚至出现了垄断整个深港货运的趋势。当时，深港两地陆路上 70% 的快递业务都属于顺丰，王卫成了珠三角地区快递业名副其实的“带头大哥”。

不过，或许是给对手带来的威胁太大，或许是对手出于嫉妒，顺丰当时在行业内的名气并不好，被贴上了一个贬低性的标签——“老鼠会”。顾名思义，就是像老鼠一样疯狂地生长、繁殖与扩张。

不过，用“老鼠会”来形容当时的顺丰也还算形象：上文说过，因为业务繁忙，人手不够，王卫和他的团队成员几乎每天都忙到深夜，第二天凌晨又早早做准备工作，像极了出去觅食的老鼠。另外，当时的顺丰还属于民间团队，公司杂乱无章，员工没有统一的标识，服装也是五花八门。他们用的交通工具更是混乱，有步行的，有骑摩托车的，有开货车的，还有走水路的。正因为这些，同行们才觉得顺丰就像一窝无组织、无纪律的“老鼠”。

此外，据快递行业资深人士透露，“老鼠会”这个绰号还有另一层意思，就是暗讽顺丰早期的发展模式。顺丰当时的发展模式是，在每个地区寻找合作的加盟商，加盟商需要按时付给顺丰一定的费用，还被鼓励多多介绍自己的亲朋好友加入。这和传销的“金字塔销售计划”在操作上有些相似。

但深入分析一下，就会发现两者相差甚远。传销以客户人数为收入的主要来源，产品只是一个宣传的空壳。而顺丰尽管也鼓励加盟商邀请亲朋好友加入，但并不是靠加盟商来获利，依靠的始终是快递业务。最重要的一点是，传销不会为社会创造任何财富，而顺丰却给人们带来了越来越多的便捷服务。

从加盟到直营，端掉“土霸王”

对快递业有所了解的人都知道，民营快递业一直存在直营和加盟两种模式，两派的代表分别是顺丰和“四通一达”。两大模式可谓各有利弊。

在创业初期，顺丰和“四通一达”一样，采取的也是加盟模式。

所谓加盟模式，就是快递公司每进入一个地区，就在当地找一家公司作为加盟商，业务全部交给加盟商，收入也归加盟商，快递公司为其提供品牌、管理和成熟的物流模式，只收取加盟费。这种模式投入小、速度快，在快递业跑马圈地的时期的确十分有利。民营快递诞生之初因为缺乏资金、缺少合法地位，多采取这种以品牌为主导的加盟模式，形成了我国快递行业的一大特色。

所谓直营模式，就是快递公司总部直接经营、投资、管理各分公司，其核心优势是管理严格、控制力强、服务统一且水平高等。直营模式的缺陷在于资金投入巨大，规划和发展速度也比较慢，在快递行业兴起之初自然不是最佳的选择。所以，顺丰当时选择加盟模式也不难理解。

但是，随着公司的发展，王卫很快发现，加盟模式并不是顺丰真正想要的。

1996年，顺丰的深港货运发展势头迅猛，开始涉足国内其他地区，以广东顺德为起点，向长三角地区复制业务模式，进而扩张到华中、西南和华北。在这个过程中，各地加盟商为顺丰立下了汗马功劳。然而，任何事物都有两面性，随着顺丰网点和员工迅速增加，加盟模式的弊端逐渐凸显出来，尤其是在管理方面存在很大的问题。

在加盟模式下，快递员的直接老板是加盟商，“只认藩镇不认中央”，在这种情况下，管理就很难统一。地方加盟商一旦做大，不免就会认为：“功劳都是我的，我为什么要听你的？”于是，部分加盟商大有“割据一方”之势，出于利益的驱使，经常擅自在货运中夹带私货，导致运送货物的时效性出现偏差，装卸质量也严重受损。这招致顺丰总部的强烈不满，双方关系日趋紧张。

更让顺丰无法忍受的是，个别影响力巨大的加盟商最终选择背叛顺丰，自己延揽业务当上了“山大王”，直接从加盟商变成了顺丰的竞争对手。

这种情况引发了王卫的反思：“（加盟模式）虽然极大地激发了分公司开拓市场的积极性，但也留下了客户资源全部掌握在分公司手中、管理协调不力、服务水平和能力参差不齐的弊端。更重要的是，分公司做的任何事情，总公司都要负全责。在顺丰的一次全国大补税行动中，我印象中顺丰补了 1000 万元。非常坦率地说，这次补税的起因，是内部一些人想要得到一些额外利益，以此来敲诈、勒索总部。当时我的想法是，偷税、漏税的行为原本就不是我的意愿，更不是我们主导的，所以我绝不会因为想‘过关’，就用钱来给自己埋‘炸弹’。我们当时在全面补税之后，依法处理了这些人。”

从 2000 年开始，王卫开展了一场大刀阔斧的“削藩”运动，用直营代替加盟，意欲将地方站点的经营权收归自己手中。

“削藩”最大限度地损害了加盟商的利益，因此在实行过程中遇到了极大的阻碍。许多加盟商死缠烂打，不愿意交出权力。对此，王卫狠心下了最后通牒，称必须把公司股份卖给他，否则就从顺丰“滚出去”。这一做法无疑是火上浇油，加盟商更加拼命反抗。当时甚至有传言说，某位加盟商雇用境外杀手想要暗杀王卫。这种说法虽然未经证实，但从那以后，王卫在任何地方出现，身边都会有几个“彪形大汉”当保镖。

2002 年，王卫收权成功，顺丰从加盟制转为直营制，并在深圳设立总部，将自身定位为国内高端快递。

顺丰的直营模式在当时的中国，除了“国家队”EMS，别无第三家。业内专家认为，直营模式是未来民营快递发展的趋势，顺丰采取的直营模式使得顺丰对各分部网店有直接的控制权，方便统一全国快递价格，共享快递收款现金流。

不过，由加盟改成直营，也意味着顺丰不可能再像之前一样大肆扩张，所有快递员的工资也都要由顺丰总部发放，公司的运营成本一下增加了不少。对此，王卫别出心裁地想出了两个应对方法：

第一个方法是承包。就像我国当年的包产到户一样，每个快递员在城市里有自己的片区，别人不会来抢你的，但是，假如你负责的区域业务量增长缓慢，并在一定时间内没有起色，你就会被换下。

第二个方法是计件工资。快递业有句行话叫“收一派二”，指一名快递员在收一个件的同时，应该派两个件。我们所说的“送快递”，实际上更多的是指派件。真正挣钱的也是这个部分。在顺丰，你送得越多，就挣得越多，而且上不封顶。

上面这两个方法弥补了直营模式的不足，最大限度地调动了快递员的积极性，也让顺丰的经营模式改革顺利完成。自此，顺丰开始全面发力直营模式，成功拓展华东市场，并逐渐将直营模式复制到全国市场，铺开了一张全国性的立体快递网络。顺丰帝国至此有了雏形。

借力“非典”，让顺丰飞起来

古人说："识时务者为俊杰。”时务就是世事发展变化的态势。所谓识时务，就是能根据这种发展变化的态势去寻找并把握机缘，然后决定如何行动。

王卫就是这样一位深识时务并善于从变化之中寻找机遇、把握机遇的俊杰。

实事求是地说，2003 年以前，顺丰的业务还不算壮大，在国内快递业中也不算一枝独秀。真正让顺丰有了质的飞跃的契机，是一场突如其来的大变故，就是至今都让人谈之色变的“非典”。

2002 年前后，在完成从加盟到直营的改革后，顺丰员工的干劲更足了，上下也更加团结。正摩拳擦掌准备一展身手，在全国开疆拓土之时，“非典”袭来。

2002 年 11 月，我国首例“非典”病毒携带者出现在广州，随后“非典”迅速蔓延至全国。学生停课，工人停工，老百姓不敢出门，很多行业都被“非典”带来的阴霾笼罩着，生意十分萧条。但是，目光敏锐的王卫却从这场巨大的变故中发现了别人没有看到的机遇，并牢牢地将其抓在手中。

具体来看，在“非典”病毒的严重威胁下，人们出门购物的欲望被压制到了最低点，但是又不能不购物，于是，通过电商购物，由快递送到家便成了最佳选择。而这也是电商和快递能在 2003 年后迅速崛起的重要原因。顺丰身处“非典”重灾区，再加上顺丰当时几乎已经垄断了深港地区的快递业务，因此营业额不断增加。除此之外，由于当时顺丰经营的范围并没有完全扩展到全国，在长三角地区也只是初步尝试，因此拥有更加广阔的市场扩展空间。

当然，如果只是止步于此，王卫和其他快递行业的老板相比也高明不了多少。

2003年，面对可怕的“非典”，大部分人都足不出户，即使出门也不愿远行，导致航空业最先呈现出异常萧条的局面。许多航空公司的航班数量一减再减，机票价格一降再降。中国民用航空局甚至将2003年6月国内航线票价中的“燃油附加费”标准从“不得超过当前票价的14%”下调到“不得超过当前票价的11%”。

王卫审时度势，通过对“非典”影响下快递业和其他行业的深入分析，敏锐地发现航空业的萧条反而是快递业“更上一层楼”的良机，于是果断出手，抓住航空运价大跌的机会，和扬子江快运签订了5架波音737全货机的包机协议。之后他又与多家航空公司签署协议，拥有了对方旗下飞机的专用腹舱使用权。其实，王卫最初作出这项决策最主要的原因只是“非典”带来的快递量暴增，不过很快他就发现，即使不刻意压价，航空运输的平均成本也已经很接近公路运输，这更加坚定了他用飞机送快递的决心。当然，王卫此举并不是不顾道德的投机行为，对航空公司来说，王卫此时伸出“橄榄枝”，也属于“雪中送炭”。

需要指出的是，用飞机送快递并非王卫的独创，而属于借鉴与融合之举。用飞机送快递这种模式最早是由联邦快递确立的。

联邦快递成立于1971年，比美国快递公司晚了半个多世纪。它之所以能在短时间内迅速追赶上“老大哥”，关键在于创始人弗雷德·史密斯专注于用飞机送快递，实现“次日送达”。这在当时被认为是异想天开。

一开始的时候，联邦快递因为业务量小（第一次只空运了186件快递）损失了上千万美元，但是弗雷德·史密斯并没有放弃。后来，随着美国政府解除对航空货运的限制，联邦快递迎来转机。之后总部搬迁至孟菲斯，公司迎来高速发展期。

1976 年，联邦快递开始盈利，获利 360 万美元。1977 年，营业收入突破 1 亿美元，获利超过 800 万美元。1978 年，公司实现上市。现如今，这家首创“次日送达”的快递公司每年要为全世界 200 多个国家和地区运送超过 12 亿个包裹。

从那以后，国外各大快递公司纷纷效仿联邦快递，大量购入飞机，有的还建立了货运机场以提高运输效率。快递公司之间的竞争逐渐从“地面”转移至“天空”，飞机成为快递公司的标配，也成为衡量快递公司国际竞争力的重要指标之一。

由于成本和运营资格等方面的原因，国内快递公司在拓展航空业务方面动作迟缓。尽管中国邮政早在 20 世纪 80 年代初就成立了航空公司，但发展一直不温不火，直到“非典”爆发。

如果说“非典”给快递行业带来的机会是被动的，那么充分利用航空资源，就是顺丰超越其他民营快递公司的主动之举。它使顺丰成为全国第一家使用全货运专机的民营快递企业，也真真正正地使顺丰打响了“快”的特色。这件事对顺丰来说还有更深层次的意义：用飞机运货最大限度地缩短了运送时间，提高了快递效率。至此，顺丰开始北上主攻华东和华北市场，并迅速完成全国 200 多个网点的布局——一家全国性的快递公司出现了。

面对“非典”带来的巨大变故，其他快递公司在看到机会的同时很少会将本产业的优势与其他行业的劣势联系起来，更不会认为“非典”导致的航空业萧条能给自己带来什么新的机遇，可偏偏王卫做到了这一点，果断抓住了用航空推动快递“飞”起来的契机，让顺丰有了跨越性发展。

“非典”之后，航空快递的优势凸显出来，顺丰快递业务量也急剧上涨。2004 年开始，顺丰每年航空业务量的增幅都超过了 70%。显然，租用飞机已经无法满足顺丰与日俱增的航空业务需要，同时，竞争对手也开始跟风，争夺航空快递市场，租用飞机的价格也是水涨船高。

即便如此，租用飞机也还是比买飞机更省心，成本也更低：买飞机不难，但在使用过程中的维修费、燃料费、飞行员工资、机场费等都是不菲的硬件成本；一旦顺丰的发展稍遇危机，没有足够的业务量和利用率，飞机就会成为烧钱机器，让公司付出高昂的代价。

不过，从积极的方面来看，假如顺丰拥有自己的航空公司，就可以在整个产业链条上占据主动，不仅可以选择经济性更好的机型，还可以根据市场变化不断推出新的产品，对公司未来的发展大有裨益。

对此，向来目光长远的王卫权衡利弊之后，果断决定购买属于顺丰自己的飞机，组建航空公司！

2009 年 2 月，顺丰航空正式开始筹建，当年年底，中国民用航空局宣布顺丰航空正式获准运营。之后，顺丰航空公司一口气购买了两架飞机，这也是中国民营快递企业第一次拥有自己的飞机。

图1-1　顺丰航空机列

如今看来，正是王卫的这一颇具前瞻性的决定，奠定了顺丰当下在快递行业的领先地位。

不过，飞机上天后，顺丰也已经没有退路，其唯一合理的战略只能是迅速占领市场，同时继续增大顺丰机队规模。这当然需要更多的资本支持。据了解，在顺丰航空公司 1 亿元人民币的注册资金中，深圳泰海投资有限公司也占有不少股份，而这家投资公司正是推动顺丰上市的主角之一。可以说，顺丰上市的重要原因就在于顺丰航空公司的成立。

马云最佩服的人为什么是他

在中国武侠小说中，英雄相惜是一种不可或缺的元素。例如在金庸的作品《雪山飞狐》中，苗人凤与胡一刀明明是不共戴天的仇敌，却处处见英雄相惜之情。初次见面时，苗人凤坐下就与胡一刀举碗共饮，毫无防范之态，他相信胡一刀"是铁铮铮的汉子"，"行事光明磊落"，不会暗算他，他才是最了解胡一刀的人。而胡一刀夜奔三百里，为苗人凤杀了仇人，也是对苗人凤最大敬意的体现。

无独有偶，在中国企业界也有这么两个人，他们既竞争激烈，也惺惺相惜。这两个人就是王卫与马云。

互联网江湖传闻，许多年前，在阿里巴巴还未像现在这样强大的时候，马云曾两次秘密约见王卫。可惜当时王卫正忙着和"四通一达"等快递公司争夺市场，根本无暇他顾，所以口吐莲花的"说客"马云并没有得到一展身手的机会。王卫，这位曾被风投开价 50 万美元只为和他吃一顿饭的神秘总裁，婉拒了马云的约见。

不只是马云，其实王卫还拒绝过同为粤商的马化腾的约见。王卫为什么会有此在外人看来不合人情的行为呢？对此，网上有各种解读，这里归纳如下：

第一，低调的性格。众所周知，王卫极不愿意出现在公众媒体的视野中，而如果与马云等话题人物见面，无疑就会把自己曝光给媒体。

第二，明哲保身。据传，王卫曾被追杀，至今身边总有几名保镖跟随。正所谓“树大招风”，拒绝马云的约见可以更好地保护自己及家人，甚至是企业。

第三，王卫的个人信仰。王卫信佛，而佛家讲究缘分。可能在王卫看来，主动找自己的人没有必要见，如果真的有缘，不必强求，自有相见的时候。

事实上，还真应了佛家的缘分之说，王卫与马云这两个男人注定是要再次交锋的。

2008 年，顺丰的发展势头迅猛，市场份额位居全国第二。为了抢占电商市场的份额，王卫奔赴马云的地盘——杭州，希望双方能形成强强联手的合作关系。但这次，拒绝的人变成了马云。不过马云此举不是出于报复，主要是因为顺丰的发展模式并不符合阿里巴巴的要求。对于马云的拒绝，向来信佛的王卫自然也没有放在心上。

不过这次之后，两人登上了竞争的擂台。2013 年，马云联合各大物流公司成立菜鸟网络，意欲统一全国物流大军，而王卫也开始将顺丰的业务延伸到电子商务领域，将采购、仓储和配送融为一体。两人都将触角伸向了彼此的利益链，竞争在所难免。正如业界资深人士预言：“马云做仓储，如果他再往下做配送，王卫将一身冷汗；王卫做快递，如果他再往上做仓储，马云将一身冷汗。马云这个平台，快递公司不加入怕错过这一拨，加入的话又怕被他控制，很纠结。”

事实上，顺丰向电子商务领域渗透并不是心血来潮，而是早有准备。就像一位业内人士披露的那样：“顺丰做电子商务，这是迟早的事情。路都已经修好了，为什么不能自己开车呢？顺丰物流本来就做得很好，末端也在做零售，你说，它要做电子商务容不容易呢？”所以，对于王卫和顺丰而言，既然铺路是很久以前就在做的事情，那么上路自然也就是顺理成章的了。

不过，商场上的激烈竞争并不妨碍两人的惺惺相惜。马云曾在公开场合表示，他最佩服的人是能管理 20 多万名基层员工的顺丰老板——王卫。而一向低调的王卫，能亲赴杭州见马云，抛开利益层面，也无疑代表了他对马云本人的高度认可。

我们再来深入分析一下马云佩服王卫的原因。

无论是国外的 UPS、联邦快递，还是国内的顺丰和“四通一达”，每一个快递品牌都不可能由资本快速打造出来，它们需要的是时间和忍耐。这也是国内快递行业发展 10 余年来知名企业凤毛麟角，成功者更是稀缺的根本原因所在。

王卫用 20 多年的时间，从珠三角到全国，甚至走向海外，建立了一家中国快递行业标志性的大企业。这个成功的过程没有任何捷径，王卫无法像其他企业家那样自由上下班，随时给自己放假。从创业的第一单快递开始，王卫就亲力亲为，从未脱离一线，以至于有传闻说他累出了一身病，每天都得靠大量中药支撑才能工作。

凡客诚品旗下的如风达快递，从最初的 15 人发展到如今的几千人，从仅在一个城市有 3 个站点到覆盖全国 22 个城市的大布局，创始人李红义用了 3 年时间才将它稳定下来。与此相比，王卫将 20 多万人的顺丰帝国管理得井然有序，以惊人的速度创造出几百亿元的年销售额，并保持着同行中最低的服务投诉率与人员流动率，无疑是一件非常难的事情。作一个形象的比喻：这就好像是在指挥一个看不懂五线谱的庞大交响乐团，稍有差池，便会陷入聒噪、令人反感的境地。要做到这一点，除了标准化、规范化的制度，绝对离不开王卫本人强大的掌控能力与领袖风范，这或许正是马云由衷佩服他的原因所在。

第 2 章

裂变：用速度打下一个庞大的快递帝国

身在快递业，快是永恒的追求！没有最快，只有更快！

顺丰一直主打“快”字招牌，无论是宏观还是微观，员工还是团队，业务还是服务，顺丰总能快人一步，用速度引发裂变，在裂变中急速壮大。毫不夸张地说，顺丰真正地把“快递”变成了“速运”，用速度打下了一个庞大的快递帝国！

顺丰速度：天下武功，唯快不破

拿破仑有一句名言："我的军队之所以能打胜仗，就是因为比敌人早到5分钟。"

围棋上有句口诀："宁丢数子，不失一先。"有了先手，就有了主动权，就能处处先发制人。

商场如战场，商场亦如棋局。经商中比别人早一步抓住商机，就能抢先一步赚大钱，成为商战的胜利者，因为抢先一步就很可能领先一路。

第一批下海经商的人——富了，第一批买原始股的人——富了，第一批买地皮的人——富了。他们富了，是因为他们敢于在大多数人还犹豫不决的时候就作出实际行动。商业机会的竞争总体上是公平的，商机大家找，信息人人有，同行处处在。竞争的结局往往就取决于商家的行动是快半拍还是慢半拍。商人就像全能运动员，有时候比的是耐力，是在残酷竞争中坚持下去的意志；有时候比的是爆发力，看谁在市场中领先一步。如果你总能比别人先一步行动，生意就会做得很从容。

身在快递业，速度是永恒的追求。没有最快，只有更快。如果不能跑起来，就有被同行超越的风险。在速度方面，无论是同城快递还是城际快递，顺丰都比其他民营快递快约 20%。与此同时，顺丰在 2010 年创建了自己的航空公司，拥有自己的专运货机，无论是从配货的机动性上还是输送快件的时效性上来看，都富有相当强的主动性。显而易见，速度是顺丰成功的重要因素。

王卫认为，任何一家快递企业，要想快速、稳定、长久地发展，就必须保持较快的速度。“速度”是制胜的关键。从某种意义上说，在商场中，如果没有了速度，也就没有了一切。而要在“速度”上有所作为，就必须及时把握住机会。

顺丰某高层如此评价王卫：“王总是一个行动快速的人，有想法马上做，发现不对马上改变。”

回过头来看顺丰的发展史，我们会发现，顺丰的“快”不仅体现在送货速度上，还体现在其一次次先于对手作出改变上。

顺丰创立时，业务范围仅限于广东省佛山市顺德区。但经过短短 3 年的发展，顺丰的业务就出了广东省，延伸到了广东周边的省市。到了 2006 年，顺丰的服务网络已经覆盖国内 20 多个省区市。然而，顺丰依然没有停下脚步，为了适应互联网时代，顺丰又开始跨界发展，涉足电商、金融等行业……

发展速度越快，问题自然也就越多。从加盟到直营的阵痛，试水电商的挫折……对顺丰来说，都是一次次挑战。

面对这些挑战，王卫没有任何犹豫与迟疑，而是迅速作出调整，或者大刀阔斧地改革，或者持续投入坚持电商之路。与此同时，他不断提升企业的信息化、科技化水平，不断提高员工素质，在保持高速发展的同时，解决高速发展中出现的种种问题。

这就是人们津津乐道的“顺丰速度”。

企业与其主要竞争对手之间的差距往往都不是很大，有时只差一步，甚至是半步。而正是凭着这领先的“半步”，王卫奋力拓展，不断开拓着顺丰的疆土。

万达集团董事长王健林的创业史也很好地说明了速度的重要性。

1988年是万达创业的元年。这一年，王健林从大连市西岗区政府办公室主任的位置上，请缨“主政”西岗区住宅开发公司——一家欠债149万元、濒临破产的企业。

此前半年，王健林刚刚从部队转业落户大连，对房地产行业还非常陌生。然而，这个“门外汉”却很快选择了一个同行前辈不敢或者不屑的项目：旧城改造。

在当时大连市政府南边，有一片“棚户区”，有人计算了一下，每平方米的造价正好是当时大连的最高房价1200元，因此没人愿意干。但王健林还是决定一搏，接手了这个项目，结果大获成功。800多套房子，一个月就售罄，一下子挣了1000多万元！

1991年，当国家体改委和大连市体改委准备在大连选择3家企业作为东北首批股份制试点企业的时候，许多人都不愿意。王健林却积极申请，并成功争取到了名额，从而在企业制度改造上，在东北先行了一步。几年后，原有的国有股份彻底退出万达，王健林开始持有万达股份，真正成了一名企业家。

万达发家于地产，但扬名于足球。涉足足球，万达也是抢了全国之先。万达足球俱乐部是中国第一家职业足球俱乐部。随着职业足球联赛在国内风风火火地开展起来，万达成了最大的赢家——一年夺下4个冠军。大连万达也开始闻名天下，品牌知名度位居全国第5。

数年之后，王健林又一次抢在了前面，第一个退出了足球业界！当时国内足坛以黑幕、黑哨、假球、赌球而臭名昭著。大连万达彻底退出这个是非之地，无疑是一个很明智的选择。

退出了足坛，王健林将万达的力量全部集中到了地产上。很快，他又率先创造了一种全新的商业地产模式：先找沃尔玛等商家签订租赁合同，再盖商场，以降低商业风险。王健林称之为“订单商业地产”。

在商业地产发展成型后，王健林又开始涉足文化、影视、电商等产业，并不断进行海外扩张。这些无一不体现出速度的重要性。

回顾王健林的创业史，万达正是靠着近 30 年持续的“快半拍”，才能像滚雪球一样日益壮大，并且走向更广阔的世界舞台。

小米科技创始人雷军说过：“我坚信天下武功唯快不破。有时候，快就是一种力量。快能掩盖很多问题。企业在快速发展的时候风险往往很小，速度一旦慢下来，所有的问题就都暴露出来了。所以，怎么在确保安全的情况下提速，是所有互联网企业最关键的问题。”

事实上，这不只是互联网企业的问题，也是全行业的问题。显而易见，目前的市场竞争已经从“大鱼吃小鱼”过渡到了“快鱼吃慢鱼”，速度会直接转换为市场份额、利润率和行业位置。谁要是在速度上掉了队，就很可能陷入一步慢、步步慢的危险境地。当然，正如雷军所说，提速的前提是确保安全。在这一点上，王卫和顺丰也堪称楷模。多年以来，顺丰的发展速度极快，但很少出现致命性危机。

对战 EMS，看顺丰如何迎接“国家队”的挑战

EMS（Express Mail Service），即邮政特快专递服务，是万国邮联管理下的国际邮件快递服务，在中国境内由中国邮政提供快递服务。

中国邮政 EMS 一直由国家专营，特殊的垄断地位使其使用频率非常之高，具有天生的品牌优势。在民营快递业发展早期，EMS 在作市场分析时向来只和国际大快递公司作对比，根本不把顺丰和“四通一达”等放在眼里。当时，EMS 不仅占据着国内快递市场的绝大多数份额，品牌知名度也远远高于顺丰等民营快递。如果在街上随便问一个人，他可能不知道顺丰，但肯定知道邮政快递。

然而，随着民营快递的迅速崛起，EMS 在国内市场上不再是一家独大。竞争激烈的市场迫使 EMS 不得不放下身段，紧跟市场的步伐，认真分析民营快递尤其是顺丰的优劣，以便做到知己知彼。

其实，EMS 作为国有企业，虽然在政策上享有优势，但和顺丰这样的“民间高手”竞争，也有很多无奈，总受一些条条框框的束缚，很难彻底放开手脚。物流网络的不健全，就是 EMS 的致命伤。为了治疗此“硬伤”，也为了维护自己“行业老大”的位置，EMS 决定与顺丰展开一场快递之战，将突破口放在快递时速上，希望在速度上与顺丰一较高低。

为了赶超顺丰，EMS 大量增加运输车辆，招聘了很多一线快递员，不惜花费巨资购置设备。这种举措在短时间内让 EMS 声势浩大，但也带来了一个

致命的问题，就是运力增加了，分拣及投递的能力却下降了，这使得其本就滞后的监控能力和信息化水平更加黯淡无光。就连以往忠实的老客户，也难以忍受 EMS 这突如其来的“堕落”，纷纷转向顺丰等民营快递。第一回合的较量，顺丰还没有还手，EMS 就不战而败了。

不过，实力雄厚的 EMS 显然不会就此认输。

2013 年，双方战火再起。这一次争夺焦点在制空权上。

自从顺丰 2009 年开始组建货运航空公司后，其航空货运发展迅速：2013 年 11 月，顺丰拥有 13 架全货机，此外又租赁了 19 架全货机。2015 年，顺丰已经拥有了数量惊人的 69 架全货机。而且，顺丰并没有就此满足，根据王卫的预测，2021 年整个快递行业拥有的飞机将超过 300 架，顺丰的目标是拥有其中的 196 架，货运量要超过 600 万吨。假如这个目标实现，顺丰将有希望成为占有中国航空快递（货运）2/3 市场份额的超级霸主。

“航空物流未来势力范围瓜分图”，这个由顺丰抛出的快递业蓝景规划，让那些从事航空物流的同行、新贵、风投以及其他民营快递公司坐立不安。其中，尤以 EMS 最受震动。一直以来，EMS 都将顺丰视为最大的竞争对手，首轮交锋失利后，一直在寻找反击的机会。而占据现实和未来快递市场战略制高点的关键就是抢夺“制空权”。在这一方面，EMS 向来极为重视。2001 年开通邮政航线以来，EMS 最引以为傲的核心价值、核心资产和核心竞争力便是拥有 18 架全货机的航空运力，以及自成体系的集散式航线网络。但是现在，顺丰不但在全货机数量和规模上远超 EMS，而且在未来的战略规划上也远超 EMS。

让 EMS 更加紧张的是，其拥有的 18 架全货机，几乎都是通过融资性租赁和经营性租赁而来的，其掌控能力和飞行效率远没有顺丰自有的灵活和高效。在顺丰施加的强大竞争压力下，EMS 猛然醒悟，并迅速作出决断。

2013 年 4 月，EMS 一口气从山东航空股份有限公司买下了 5 架二手的波音 737，价值约 1.67 亿元，平均每架不到 3400 万元。特别值得指出的是，根据 EMS 招股说明书上的计划，在 EMS 募集的近百亿元资金中，用于飞机购置的只有 7 亿元。换句话说，就是 EMS 有实力再购买 15 架类似的二手飞机，然后进行客机改货机。

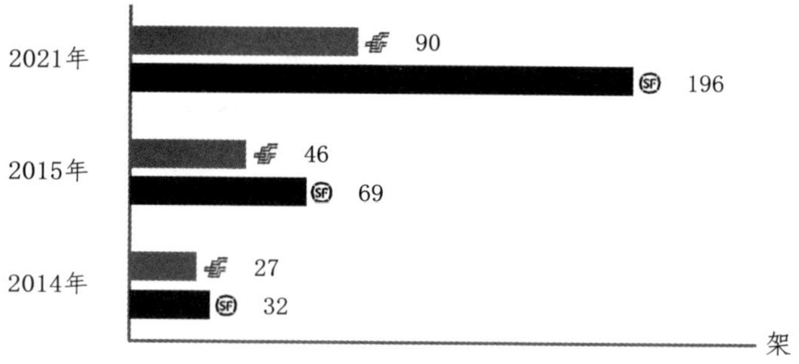

图2-1　EMS、顺丰速运航空机队规模比较

资料来源：EMS、顺丰速运公司“十二五”规划。
注：2014年顺丰速运的机队规模是截至2013年12月初的数据。

另外，EMS 还有一个动向意味深长。此前它拥有的货机（包括新购进的 5 架）都是波音 737，但在 2013 年 8 月，EMS 突然与中国国际货运航空签署了 4 架波音 757 货机的包机协议。与此相对应的是，顺丰当时自主拥有 7 架波音 757 全货机。

需要说明的是，和波音 737 相比，波音 757 的载货量更大（可装 15 个集装板，而波音 737 只能装 13 个集装板），航程更远，也更具规模效应。更加难得的是，波音 757 的飞行性能极为优越，能够应对各种复杂的气候和地理条件。因此，一般航线网络都会选用波音 757 来往返天气和地形较为复杂的目的地，如国内的青藏高原航线、拉丁美洲高海拔地区的墨西哥城等。而且，就国际快递公司的成功经验来说，波音 757 型飞机也是最具经济性和适用性的首选货运飞机。例如，联邦快递的机队就是以波音 757 机队为主体，而且在未来还会延续下去。考虑到中国地域广阔、地理环境复杂的特点以及全球化的长远布局，顺丰选择以波音 757 为主力机型，明显比 EMS 高明。所以，这一场制空权争夺战虽然还远没有到分出胜负的时候，但顺丰无疑已经抢占了先机。

战略转型，从坚持走专业化到尝试多元化

企业是应该坚持专业化经营，还是选择多元化经营？这是企业发展战略中不可避免的话题，数十年来一直争论不休，没有定论。多元化成功与失败的案例，更是你方唱罢我登场。专业化与多元化之间的这一场比赛，似乎永远没有终结的那一天。

综观全球企业界，会发现一个极为有趣的现象：苹果、可口可乐、麦当劳等一系列伟大的企业并没有投资煤矿、石油、房地产、新能源或者互联网。难道它们的管理者没有发现这些行业蕴含着高额的利润吗？还是说它们缺乏现金流？

其实，任何企业的发展都有其内在规律，麦当劳如果作出了开发煤矿的决策，就违反了其固有属性。全球企业发展的趋势是专业化。苹果只专注于设计和品牌，而将制造业全部外包。也许，只有具有专业精神、专注于某一领域，才能成长为具有国际竞争力的企业。

有财经记者问王卫："做快递 20 年来，如果用一个词来形容自己，你认为是什么？"王卫脱口而出："专注。"

1993—2017 年，顺丰从一家只有 6 个人、一间门店的小公司成长为年营业收入高达 500 多亿元、拥有 20 多万名员工的快递行业龙头企业。在纷繁复杂的商业环境中，顺丰凭借单一的快递产品就能叱咤快递市场。这样的成功并

不是偶然，它离不开王卫数十年如一日的专注：只做快递，而且只做小型快递。

王卫之所以坚定地选择走专业化道路，有快递业资深人士这样解读：“他首先细分市场，定位中高端。之后，限制包裹重量。由于寄大件不是自己的强项，因此王卫拒绝了摩托罗拉公司的物流邀约。市场和服务明确了，就能制定统一标准的价格。正是因为王卫把坚持做小型快递作为明确的定位，才能在别的快递公司乱作一团的时候保持专业的标准和较强的优势，才能把顺丰从几个区域做到全国，一路突飞猛进，发展壮大。”

在激烈的竞争环境中，在浮躁的扩张氛围中，在资本的诱惑与压力下，很多快递企业都在发展中迷失了自我，没有专注、坚持自己擅长的业务，而是纷纷转型想要赚快钱。只有王卫在埋头研究如何能够更加专业化、标准化地提高效率，让用户得到更好的体验。这种专业化显然是顺丰在原始资本积累阶段就一直保持的核心竞争力。正是因为对信息化、标准化的大量投入，顺丰很快便甩开了其他快递公司。

毫不夸张地说，如果没有高度的专业化，顺丰很难在竞争惨烈的快递行业中做大，成为民营快递业的龙头。

综观中外伟大的创业者，很容易发现，他们往往只做一件事，做深做透做专，做细致做完全做彻底，做成绝技，做成权威，做成专家。相反，失败者一生可能做了许多事，猴子掰苞谷般做一件丢一件，没有一件事能真正弄明白。结果是什么都不懂，什么都不会，说起来天花乱坠，干起来一塌糊涂。

创业如同登山，成功者认定了最高峰就努力攀登，无论是风雪雨雾，还是洪水泥流，都会拼尽全力直到峰顶；创业如同打井，选择一个点，就不分昼夜地挖下去，直到出水；创业如同钻木取火，找到合适的木、合适的钻，不间断、不偏向、不停顿地钻动，积累的能量才能让木头发热、冒烟直到燃烧。

当然，创业并不是只能做一件事，也不是不能多元化，而是要先将一件事做成功，再去做另一件事情，甚至同时尝试做好几件事情。

回头再看国内的知名企业家，他们或许现在已经开始了多元化进程，但无疑都有一个核心业务或者一个成功领域。王健林做房地产成功后转型文化产业，马云做电子商务成功后涉足金融，马化腾做聊天软件成功后试水电商等，都是很好的例子。

在王卫看来，在依靠专业化发展到一定规模后，多元化也就成了顺丰的必然选择。

2010 年 8 月，顺丰推出网站“顺丰 E 商圈”，首次涉水电子商务。2011 年，顺丰在深圳开了 20 多家便利店。2012 年，又在东莞开了 8 家便利店，同年 6 月，推出“顺丰优选”，再次扩张电商业务。

对此，有媒体认为顺丰在试图布局全产业链。但在某业内著名专家看来，顺丰并没有此意图，“还未实现全产业链”。该专家认为，未来中型快递企业风险最高，大型和小型的比较稳定。中型企业向专业化转变，大型企业向综合型转变，这是行业发展的趋势。顺丰不过是在顺应环境变化，尝试多元化。

在这位专家看来，王卫最明智的一点是没有在原来的平台上做电商。按照国际惯例，在专业化的基础上向多元化延伸，前提是业务一定要能够拆分。“宅急送之所以转型失败，主要是因为当年在一个平台上运作多元化产品，拆分的优势就是不会对主业有影响。”对顺丰来说，快递是主业，顺丰便利店、顺丰优选都只是子品牌。其优势在于初期可以利用顺丰的品牌优势去拓展顺丰优选的市场，一旦顺丰优选的品牌失败，也不会对快递主业产生影响。

不过，就事论事，为了应对市场的变化，顺丰在多元化发展的道路上虽然取得了一些成绩，但也付出了不小的代价。关于这一点，后文会专门阐述，在此先不赘述。

放眼全球，稳中求进的国际化之路

随着经济的发展、实力的增强以及国内市场的逐渐饱和，如何在国际化大市场中占有一席之地，拓展企业的生存空间，寻找新的经济增长点，成为每一家中国企业必须面对和关注的问题。

身为民营快递业的巨头，顺丰自然也在其列。

当然，进军国际市场，王卫也是经过深思熟虑的：

首先，顺丰国内市场的“领头羊”地位已经很难被撼动。

其次，国内市场虽然还有很大空间，但竞争激烈，利润已经越来越小。

再次，王卫的目标一直都是成为中国的联邦快递，甚至超越联邦快递，如此，进军国际快递市场，就是顺丰成长为国际化、全球化企业的必由之路。

最后，顺丰斥巨资打造航空运输机队，在港澳台地区收发快递的成功经验，也为其进军国际市场提供了很大的便利。

2010 年初，顺丰开启了国际化之路，起点是韩国。出于稳中求胜的考虑，王卫开始只开了单程发往韩国的快递业务。后来，随着业务量的增加，开通了双程快递。2011 年，顺丰的营业点已经覆盖韩国全境。

有了开拓韩国市场的成功经验，王卫开始加快海外扩张的步伐。

顺丰国际化之路的第二站是新加坡。从 2010 年设立营业网点开始，不到一年，顺丰的营业网点就覆盖了新加坡除裕廊岛、乌敏岛外的全部区域。

2011 年，顺丰在日本、马来西亚两个国家同时开设营业网点。

2012 年，顺丰将营业网点开到了美国，进入美国市场。

2013 年，顺丰杀了个“回马枪”，将其巨大的“手”伸向了泰国，并且毫无试探，直接开通了泰国全境的快递业务，可谓霸气十足。

截至 2015 年，顺丰的直发业务已经覆盖全球 200 多个国家和地区，主要从三个层面发力：客户层——获取、掌控交易的两端，一端是商家，一端是消费者，抓住两端的精准用户；流向层——以中国为圆心的进出口服务；产品层——重轻结合，重指物流仓网重资产投入，轻指整合服务资源。

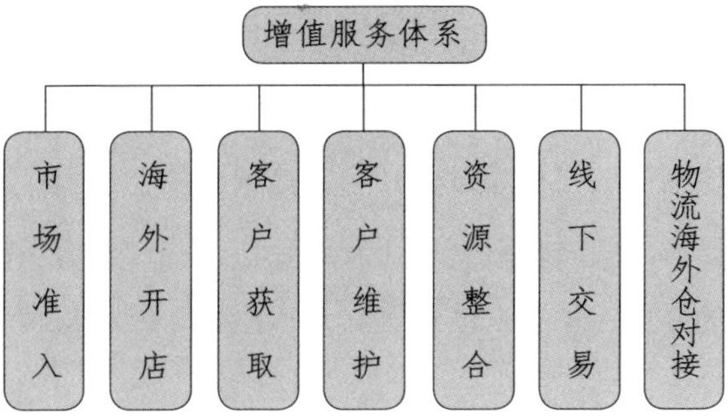

图2-2　顺丰业务增值服务

在网络全球化方面，顺丰准备通过建立 20 个全球仓网，覆盖 4 个主要目标市场。北美海外仓将布局在美国东部、西部和加拿大；欧洲海外仓，除了在英国建立 4 个仓，还会布局在德国、法国、意大利和西班牙。此外，还将在俄罗斯和澳大利亚建仓。

而在实现顺丰网络全球化的同时，顺丰的国际业务本身也在实现升级，由顺丰物流转变成顺丰服务，目标是建设自有生态链。

对于顺丰的国际化战略，王卫在战术层面上有着审慎的谋划。一直以来，国际快递业务都由国外各大快递巨头和国内的 EMS 共同把持。国外快递公司服务质量很高，但十分昂贵。EMS 价格偏低，但又太过缓慢。

在两者之间，王卫精准地找到了一个切入点：价格比国外快递公司低，速度比 EMS 快。这事实上是将国际快递业务的“大蛋糕”作了一个划分，划分出高、中、低三个市场，顺丰选择中端客户。

不过，“卧榻之侧岂容他人酣睡”。财大气粗的国际快递巨头很快就发现被顺丰钻了空子，于是纷纷降低价格，想要堵住顺丰的海外拓展之路。顺丰自然不会坐以待毙，也在不断弥补自己的短板。

顺丰的短板主要包括以下几个方面：

首先，和国际快递巨头相比，顺丰差距最明显的是硬件。要想发展国际快递业务，前提和基础就是航空货运。目前，顺丰拥有的飞机不足百架，在国内市场中算是遥遥领先于同行，但和国际快递巨头相比，就有些微不足道了。要知道，联邦快递目前拥有的飞机超过 700 架，是顺丰的 7 倍多！这些年，顺丰不停地购买飞机，还积极与海外航空公司开展合作，通过租借飞机和整包机舱这种“借鸡下蛋”的办法，扩展自己的国际空运能力，缩小与国际快递巨头的差距。

其次，在品牌上，顺丰的国际知名度与认可度也并不高，还没有与很多国家建立深厚的合作关系。快件通过各国海关时，往往需要经过非常复杂的通关程序。在国际上经营良久的快递巨头能够享受优先通关特权，甚至可以免检通过。例如，敦豪航空货运公司（DHL）就利用与德国的良好关系，将一些在北欧通关时间比较长的货物运回德国，让德国官方帮助通关。为了补齐这个短板，顺丰招收了大量海关相关专业的毕业生，并进行了大力培训。

再次，在物流上，相比国际快递巨头，顺丰也需要进一步改善。目前，顺丰的分配运转还没有摆脱繁复的手工劳动。与联邦快递相比，就很容易发现两者之间的差距：联邦快递拥有 10 万名员工的时候，其日均快递量达到 4000 万个；顺丰拥有 15 万名员工的时候，每天最多只能处理 200 万个包裹。在国内，顺丰的效率算是比较高的，但在国际舞台上，就显得低效了许多。其中的原因，主要在于国外对高科技的运用。在这一方面，顺丰还需要有更大的投入。

最后，开辟国际市场需要十分充足的资金，而资金问题一直是限制顺丰和其他民营企业发展的重要因素。将资金投向国际快递业务，无疑风险很大，因为在各大国际快递巨头的虎视眈眈下，谁也不知道能不能盈利。如果没有足够的资金，国际化无异于痴人说梦。2017 年，顺丰成功借壳上市，其中一个重要的理由就是融资。

由此看来，顺丰的国际化之路还很漫长，从短期来看，王卫仍旧需要稳住国内现有的优势，在此基础上继续寻求海外扩张之路，因此，稳中求进依然是顺丰最好的国际化战略。

乱象丛生，顺丰如何杀出一个“黎明”

社会经济和电子商务促使快递业快速发展，但快递业在快速发展过程中产生的种种乱象也饱受诟病：

公司官网上清楚列明了各项禁运品，但快递员即使发现是“危险品”也照发不误；快递过程中物件被损坏，却总是寻找借口，只想赔运费了事；贴不贴易碎标识根本不重要，在分拣中心，所有快件都是飞来飞去，自由落体……这些让客户恼怒的问题，已经成为中国快递业发展过程中司空见惯的乱象。

2012 年底，中央电视台《经济半小时》栏目播出了一期名为《在快递公司卧底的日子》的节目。在记者卧底的两家民营快递公司，分拣员完全无视“大不压小、重不压轻”的码放原则，以及“快件分拣脱手时不超过 30 厘米”的规定。一名分拣员为了向不知身份的记者炫耀“货物不怕踩”，当场在邮包上用力踩了一脚，结果外包装被当场踩坏，内包装露了出来，里面衣物的颜色都看得一清二楚。

此外，记者还发现，消费者隐私泄露的问题也十分突出，在收发件的过程中没能严格执行相应制度。发件人和收件人的姓名、电话、住址等个人信息，都可以直接从快递单上看到。电脑管理系统也是门户大开。这种极为松散的管理方式催生了内部工作人员监守自盗——私下出售快递单号，客户信息被某些淘宝店主用于刷信誉，形成了一条黑色利益链。更加严重的是，客户隐私还被一些别有用心的人利用，直接侵害了消费者的人身财产安全。

快递业产生这些乱象的直接原因在于快递从业人员的职业素质低。本来，根据相关规定，在快递安检、运输等环节的操作上，从业人员必须经过培训并通过考试才能获得上岗资格。可事实上,快递从业人员的受教育程度普遍偏低、流动性大，只要会开电动三轮车、识字、能吃苦就可以入职，没有底薪，没有保险，也不签正式的劳动合同，岗位培训更是无从谈起。而这种情况也有其深层原因。作为劳动密集型产业，快递网络是核心竞争力。快递网络越完善、收件规模越大，竞争优势就越大。假如通过直营方式扩张，人力、资本就容易遭遇瓶颈，限制发展速度，所以，很多民营快递公司都选择通过加盟的方式布局全国。的确，加盟制可以低成本铺开网络，迅速发展，但因为加盟是自负盈亏，加盟商不得不去找二级、三级加盟商。这样一层层地盘剥下来，形成恶性循环，快递公司就只能继续在快递员、仓库、车辆上省钱，出现上面的种种乱象也就不足为奇了。

这其中，当然不包括顺丰。

顺丰之所以能独善其身，在快递市场上有着如此高的地位和口碑，很大限度上是因为它从 1999 年开始就由加盟转向直营。这样一来，顺丰在价格战方面就不会存在太大的压力，更重要的是，也不会存在暴力分拣、夹带私货、爆仓、信息泄露等加盟模式下常见的乱象。

当然，导致快递行业乱象丛生的并不只有加盟制，顺丰在这些方面也不能说完全没有问题。因此，王卫很早就认识到，快递业作为服务行业，顺丰必须在服务上下大功夫。

我国的快递行业可以说是一个供不应求的市场，对于已经形成网络化的企业来说，问题不在于开拓市场，而在于维护和提升服务。

为了避免过高增长造成的行业乱象，王卫采取了一个独特的策略：用提高价格来控制发展速度。2003 年之后，王卫强行把年增长幅度压到 50%以下，同时将顺丰次日达的价格从首重 15 元提高到了首重 20 元。“依照原来的速度，顺丰完全可以实现每年 100% 的增长，但那样会失去平衡。”顺丰的内部人士透露。

那么，顺丰又是如何一边涨价一边抓住客源的呢？很简单——用优质的服务增加客户黏性。其他快递公司承诺 48 小时送到，顺丰能做到 36 小时送到。等其他快递公司也做到了 36 小时送达，顺丰就能把时效缩短到 24 小时。这种优势的背后是强大的硬件支持。在这方面，顺丰从来都舍得下本钱。从租飞机到买飞机就是最好的明证。

除了在速度上着眼于“快”，王卫还认为，好的服务是无形的、无法准确界定的，要想让更多的客户满意，最好的方法就是提升服务者本身的素质。但这点难度不小，尤其是对快递行业来说。快递员长期在外工作，缺乏现场管理，尽管总部提供了标准的作业流程，但也无法保证一线员工提供的服务都是标准的。

那么，王卫是如何提升顺丰快递员自身素质的呢？

首先，用高薪、福利来规范快递员的行为。顺丰的员工都正常缴纳“五险一金”，工资福利比起同行来说要高出很多。另外，一些创业过程中的有功之臣年事已高，顺丰就为他们提供高薪让他们安享晚年。因为这种关怀，顺丰留住了许多员工，也吸引了许多优质人才，人员整体素质普遍较高。

其次，推行严格的管理和激励制度。和一般的民营快递公司不同，顺丰高度重视员工的个人形象，员工着装统一、工具统一，连服务口径也是统一的。高档写字楼里常常能看到忙碌的“SF Express”快递员，他们高度重视维护顺丰的形象，无论是着装还是言谈，无不体现出顺丰高效、规范的服务理念。当客户收货签字后，顺丰员工又用不超过5分钟的时间多做了一点事——第一时间记录收件时间和收件人，并迅速通过短信平台将“已签收”的消息发送给寄件人。仅凭这一点，顺丰在客户中的口碑就遥遥领先。

有人曾评价，快递业是最没有技术含量的行业。这话有一定的道理，但相应地，谁赢得了服务战，谁就能在行业混战中杀出一个“黎明”，也就能真正赢得最后的胜利。王卫便是如此，在内有强敌环伺、外有巨头觊觎的情况下，用优质的服务让顺丰始终处于领跑者的位置。

第 3 章

纵横：激战，顺丰 VS“四通一达”

“顺德系”向左，“桐庐系”向右。

面对“四通一达”这样强大的对手，顺丰如何战而胜之？菜鸟网络横空出世，顺丰如何应对？前有强敌，后有追兵，顺丰如何杀出重围？

民营快递“桐庐系”的前世今生

浙江省西北部，有一座名叫桐庐的小城。它地处钱塘江中游，富春江斜贯县境，山清水秀，人杰地灵，素有“奇山异水，天下独绝”之称。“中国十大传世名画”之一、元朝画家黄公望的代表作《富春山居图》描绘的就是当地的美景。

自古以来，桐庐就是水陆交通汇集之处。《周礼·地官》中这样描述此地：“凡国野之道，十里有庐，庐有饮食。”这里的“庐”就是指古代驿站，也是邮驿通信之处。由此看来，桐庐在历史上就与快递业有着不浅的缘分。如今，随着当地民营快递业的蓬勃发展，2010 年，桐庐被中国快递协会授予“中国民营快递之乡”的称号。

“桐庐系”之所以能崛起，甚至说中国民营快递业之所以能崛起，离不开聂腾飞这个鼻祖式的人物。他是“桐庐系”当之无愧的引路人。

20 世纪 90 年代初期，刚刚成年的聂腾飞和弟弟聂腾云走出桐庐县钟山乡夏塘村，到杭州的一家印染厂打工。

1993 年，王卫在顺德创立顺丰速运。与此同时，一个非常偶然的机会，聂腾飞和工友詹际盛也发现了类似的赚钱之道：当时的杭州因为地理位置优越，集中了很多外贸企业。为了避免货物在出关时被耽搁，发送到上海的外贸报关单需要在次日送到。在今天司空见惯的“次日达”，当时却需要 3 天。

于是，聂腾飞和詹际盛二人几乎同时萌生了在中间帮忙跑腿的想法——帮外贸企业把报关单于次日送到上海。两人一合计：每份报关单收费 100 元，自己花 15 元赶当晚去上海的火车（没有座位，一般只能站一晚），第二天凌晨一到，骑自行车就能送到市区。哪怕只做一单，除去来回路费，一天也能赚 70 元。要是一次送十几单，日赚上千也不是不可能。这可比打工划算多了。

打定主意后，聂、詹二人双双辞职，一起成立了一家名为“盛彤”的公司。这家公司由聂腾飞任总经理，驻扎在杭州，詹际盛驻扎在上海，聂腾飞的妻子陈小英负责打电话拉业务，结果第一年就赚了 2 万元，这在当时可是一笔不小的数目。后来，因为常常要跑上海，三人商量后，决定把公司的名字改为“申通快递”，这也是国内第一家民营特许加盟的快递企业。

凭借“火车 + 自行车 + 双腿”，聂腾飞赚到了人生的第一桶金，更看到了快递业广阔的发展前景。随着业务的不断扩大，聂腾飞等人很快发现，人手不够用了。“快递业是个劳动密集型行业。”中国快递协会综合部副部长宋志云说，“发展到一定阶段，需要资金高度集中、技术高度集中、人力高度集中。”

可在当时，聂腾飞等人又去哪里找那么多的快递员呢?

要知道，当年的《中华人民共和国邮政法》根本就不允许民营快递存在（2009 年修订的《中华人民共和国邮政法》才承认其合法地位），申通干的就是“黑快递”，货物随时可能被查扣。因此，快递员要能在火车上与乘务员搞好关系，遇到邮政检查要会躲，躲不掉还要能跑。没有这一套本事，绝对干不了快递。

像这种苦活、烂活，谁肯干?

不过，这个问题并没有难住申通的几位创始人，聂腾飞和妻子陈小英很快就想到了桐庐老乡。快递行业的特殊性，使得人们对快递员的信用有着很高的要求。而对于重视宗族观念的中国人而言，找老乡干活，最大的好处就是他们不会带着贵重包裹中途跑掉。因为一旦有人这么做，他就会被全村人抛弃，永远都无法回到家乡。另外，在当时人多地少、资源少、国家投资也不多的浙江省，当地农村人天生就有一种走出去改善生活的冲动。

于是，聂腾飞回乡招兵买马，拉出了一支队伍，做出了加盟制的创举。他的想法很简单，就是把桐庐老乡分散到各地去开加盟店，这样，申通的网点就能迅速布满全国，业务量也会以几何级数爆发式增长。

毋庸讳言，在民营快递的初创年代，加盟制有着中国邮政和快递直营店难以企及的优势。碰到“爆仓”时，加盟商的一句“加钱”，就能让快递员拉来全家老少帮着一块送快递，极具弹性和爆发力。按照马云的说法，“快递人员把爸爸、妈妈、二姨等都拉出来做快递，这是了不起的企业家创业精神”。

更何况桐庐人天生胆大，即使不抱团，单枪匹马也敢闯到陌生的城市开店，叙写迅速创业的传奇。所以，这种加盟扩张的“桐庐模式”，让没钱、没人、没背景的民营快递飞速成长，也让桐庐人成了民营快递业的先行者。

1998 年，正值壮年的聂腾飞遭遇车祸辞世，申通遂由妻子陈小英和大舅子陈德军接手。也就是在此时，一些追随聂腾飞打拼多年的桐庐老乡开始陆续脱离申通单干：1999 年，弟弟聂腾云和陈小英“分家”，成立韵达快递；2000 年，曾在申通财务部门工作的张小娟，力劝做工程生意失败的丈夫喻渭蛟干快递，一起创办了圆通快递；2002 年，陈德军的发小、木材商赖梅松，成立了中通快递；2003 年，百世汇通创立，2005 年被桐庐人徐建荣收购，2010 年又被马云收购。至于聂腾飞昔日的合伙人詹际盛，早在 1994 年就与其分道扬镳，成立了天天快递。2012 年，天天快递被申通收购，由陈小英的第二任丈夫奚春阳执掌……至此，“四通一达”全部诞生，加盟制也成为“桐庐系”的不二之选。

可能有人会感到奇怪，当年民营快递市场如此火爆，为什么只有“桐庐系”的“四通一达”和顺丰这几家公司真正做起来了呢？

事实上，当时的北京、上海、广州等大城市也陆续涌现出一些民营快递企业，并希望通过加盟的方式扩张至全国，但最终因为无法控制管理或者加盟商独立单干而逐渐被市场淘汰。最后存活下来的、具有全国性网络体系的民营快递公司，也只剩顺丰和“四通一达”，剩下的基本都是区域性或同城快递企业。

“四通一达”中的一家的高层认为，“桐庐系”之所以能把快递事业做大做强，主要是因为以申通为代表的“桐庐系”有着浓厚的地域文化特色。这种方式在企业发展初期往往特别简单有效，在形成企业凝聚力上也有十分突出的优势。

民营快递“桐庐系”从诞生的那一刻起，就注定是王卫与顺丰天然而强大的对手。虽然顺丰的定位是中高端客户，“桐庐系”的“四通一达”走的是中低端路线，但蛋糕毕竟只有一个，双方都不可能仅满足于已有的市场。尤其是在电商发展得如火如荼的时候，延伸定位已成必然，顺丰与“桐庐系”之间的激战也就在所难免！

涨价也能抢到客户，顺丰凭什么？

“不涨价等死，涨价找死！”

“成本增加 30%，价格也不敢涨 10%！”

成本暴涨，产品却不敢随便涨价。为什么？因为目前中国的大部分中小企业采取的还是“低成本低价格”的竞争策略。产品如果涨价，就很可能被客户抛弃。再者，如果对手没涨价，那么市场份额就会被对手轻易吞噬，而企业也会立即陷入生存危机。

在顺丰和“四通一达”的激烈竞争中，一直隐藏着“不涨价等死，涨价找死”的风险。

可就是在这样危险的局面下，顺丰却率先破局，不但涨了价，还通过涨价抢到了客户。顺丰凭什么？

事情还得从 2005 年说起。那一年，圆通和淘宝签约，成为后者最主要的线下物流供应商，并将原先电商件的“起步价”从 20 多元下调到 12 元左右，首次在电商件上挑起了价格战。

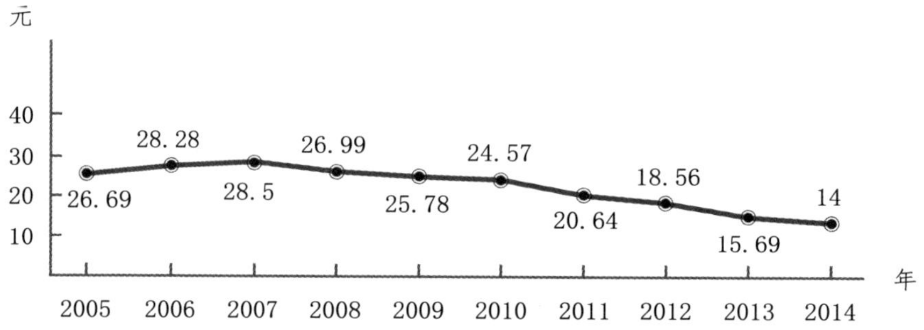

图3-1　我国快递行业服务价格趋势

圆通的降价行为，马上引起了申通、韵达、中通等快递公司的警觉。电商件是“四通一达”的最大快递类型，淘宝更是无法代替的最大客户。于是，它们争相降价，首重价格进一步降至 8 元，针对大客户的资费降低到 5 元，而且是全国包邮。再往后，最低标准甚至突破 2 元。

当时，以淘宝交易平台为代表的电商模式正处于高速发展时期，为民营快递企业尤其是“四通一达”带来了发展动力。淘宝每天的快递发送量高达三四百万件，在这个前提下，即使降价，“四通一达”也能赚得盆满钵满。

对于如此明显的商机，王卫当然有所察觉，但他并没有参与到这场近乎疯狂地抢占电商市场的行动中，而是继续专注于中高端快递市场，通过高质量的服务使人们接受了相对较高的价格。因此，顺丰尽管接单数量不及“四通一达”，但单笔利润却远高于它们，依然处于行业“领头羊”的位置。

2009年，《中华人民共和国邮政法》修订。其中至关重要的一点，就是规定快递企业必须为每个快递员购买保险等福利。快递行业从业人数众多，购买保险无疑是一笔巨大的开销。这促使快递行业进行了一次大整合，大批中小型快递公司纷纷倒闭，剩下的顺丰和“四通一达”瓜分了主要的市场份额。但这其中情况又有所不同。对专注中高端快递业务的顺丰来说，为快递员购买保险并不是很大的问题，但对于“四通一达”来说就不同了。因为通过与淘宝等电商的合作，“四通一达”的接单量巨大，需要大量劳动力。如果为全员购买保险无疑会给企业带来巨大的经济负担；如果不买，不仅会引起快递员的强烈反对，还违法。当时，福建福州甚至爆发过员工罢工要求圆通为自己购买保险的运动。

新修订的《中华人民共和国邮政法》几乎把“四通一达”逼到了绝境：

“四通一达”的经济负担越来越重，利润不断缩水，员工福利跟不上，服务质量每况愈下。无奈之下，企业只能提高快递价格，然而“四通一达”谁也不敢第一个涨价。为什么？答案很简单，“四通一达”主要都是靠电商赚钱，服务对象和服务质量也几乎完全相同，在这样的情况下，谁先涨价，谁就将客户推向了对手。就像几只被锁在笼子里的老虎，各自蹲在一角，紧盯着其他老虎的行动，饿得前胸贴后背，却都不敢走到笼子中央去吃东西，生怕自己前脚一走，后脚地盘就被瓜分了。

2009年冬天，全国范围内出现了严重的暴风雪天气，快递企业的运送速度大打折扣，再加上临近春节有大批快递员回家过年，运送人手出现严重不足。

受此恶劣天气的影响，即使是当时有着几十架飞机和几万名员工的顺丰也感到捉襟见肘。无奈之下，王卫宣布在北京等局部地区小范围调高快递价格，以应对当时的危机。

如果换作别的快递企业，不管是什么原因，突然涨价必定会影响业务量。但顺丰的服务对象主要是中高端客户，他们更看重的是快速、优质的服务，对价格并不敏感，更何况，在他们看来，在这种恶劣的天气下适当提高价格，也是可以理解和接受的。

同样的问题，“四通一达”自然也要面对。之前《中华人民共和国邮政法》带来的成本压力让他们蠢蠢欲动，这一次，眼看顺丰率先涨价，除了百世汇通没有动作，其他“三通一达”再也坚持不住，决定联合起来，提高快递价格以共渡难关。很快，“三通一达”涨价联盟成立，这 4 家快递公司利用自己在电商快递领域的强大市场地位，几乎同时提价 5%~20%。

和顺丰不同，“三通一达”的联手涨价行动遭到了消费者的强烈反对。甚至有消费者在网上呼吁，劝大家放弃这 4 家快递企业，反正市场上还有一个服务更好的顺丰。王卫自然不会错过这个时机。他利用顺丰高品质服务的口碑，在短短几天内，就硬生生地从“三通一达”手中抢走了大量客户。

眼看大量客户快速流失，“三通一达”再也坚持不住。仅仅一周之后，中通和韵达就率先发出公告，取消涨价，恢复之前的价格。至此，“涨价联盟”彻底宣告瓦解。

顺丰率先涨价，不仅没有受影响，反而抢到了大量客户，将跟风的“三通一达”打得落花流水。这里面除了客户定位不同外，王卫的操作手法比“三通一达”高明也是一个很重要的因素。顺丰为在恶劣天气下保证服务质量，进行了小范围的价格调整，没有采取结盟的形式强迫消费者承受涨价的后果，影响面就不是很大，反而在消费者心目中留下了很好的印象。

反观“三通一达”，它们并没有从提高自身服务质量入手，而是利用其行业垄断优势简单粗暴地宣布大幅涨价，逼迫消费者接受。这自然会引起消费者的强烈反感。

针于顺丰涨价反而抢到了客户一事，王卫也给出了自己的理由：“这和我们的目标管理有一定关系。我不喜欢做同质化服务，在一个市场里，我总希望有所不同。特别是，如果产品定位能让零售价格更高些，企业就有更大的能力投入扩大再生产，发展后劲就更足。但你要想让自己的零售价格更高，就得先在服务上有所不同，否则消费者是不会买账的。”

一般来说，涨价的确容易引起客户反感，导致客户流失。但事实上，只要企业基础打得好、服务跟得上、涨价策略运用合理、与客户沟通及时，未尝不能赢得机遇。而顺丰这一次巧妙涨价，便是最好的证明。

在低端市场上分一杯羹

涨价玩得巧妙，降价也是王卫的拿手好戏。

2009 年起，随着电商的飞速发展，人们对快递的需求越来越大，国内各家快递公司开始轮番涨价。“三通一达”的“涨价联盟”虽然彻底宣告瓦解，但快递行业的涨价趋势却并没有就此刹车。快递公司给出的涨价理由总结起来有三种：油价上涨、需求大增、劳动力成本上涨。

然而，就在此时，一向定位于中高端、快递价格偏高的顺丰却走起了亲民路线，推出了一种速度较慢但价格也低的新产品——四日件。

顺丰缘何会“放下身段”主动降价呢？

我们先来了解一下什么是“四日件”。所谓的“四日件”，简单理解就是 4 天左右能够把货件送至客户手中。顺丰官网对“四日件”是这样描述的：“面向中国大陆地区客户推出的经济型快件服务，全程陆路运输，实现远距离递送，运费更节省。”与顺丰的标准快递相比，“四日件”寄投价格首重为 18 元 / 千克，而航空类快件首重为 22 元 / 千克。顺丰将其定义为“经济型快件服务”，除了大幅降低首重价格，续重价格也仅为 5 元，最高可节省 50%。

虽然降低了服务价格，但是顺丰没有在服务上打丝毫折扣。“四日件”延续了顺丰“收一派二”的标准，即上门服务时效为收件1小时、派件2小时。另外，选用该产品的用户也可以享受顺丰速运航空件所包含的增值配套服务。

“四日件”托寄货物的种类涵盖了所有符合公路运输要求的非危险品，如化妆品、光碟、电子类、奶粉、酒类等，大多是和顺丰速运航空件互补的陆运类产品，主要面向异地快递。

为了配合“四日件”这款新产品，顺丰可以说是下足了功夫：开通了562条陆运线路，包括华东、华南、东南、华中和华北地区。之后，随着陆运网络不断扩大，“四日件”产品的服务范围也开始扩大。

之所以会推出“四日件”，顺丰官网上给出的说法是因为化妆品、光碟、酒类等产品无法空运寄递。“客户的需求正呈现多样性，市场会出现对价格、时效、服务保障的多层次需求。”也就是说，顺丰想要在细分市场上做文章，主要还是为其现有的客户提供服务，并没有打算延伸到低端市场。

不过，业内人士普遍认为，顺丰是希望通过“四日件”打入被“四通一达”占据的淘宝阵地，目的就是在低端市场上分一杯羹。这种看法的确有道理。在当时的国内快递市场上，顺丰在中高端市场树立起了良好的品牌，但是高昂的价格却不受淘宝卖家的欢迎。顺丰在当时电商市场中所占份额远不及“四通一达”。随着互联网的高速发展和经济大环境的改变，以淘宝为主的电商市场显得越发重要。当时，淘宝支撑着国内除顺丰以外很多民营快递企业的发展，尤其是“四通一达”，淘宝卖家的快件占到“四通一达”日常配送量的60%左右。而顺丰“四日件”针对的化妆品、光碟、电子类、奶粉、酒类等正是淘宝卖家的主要商品。

那么，面对价格降低、速度较慢，但服务不打折扣的顺丰“四日件”，淘宝卖家们的反应又是如何呢？

调查数据显示，超过80%的淘宝卖家都表示会选择顺丰的“四日件”服务。

在他们看来，这款产品的优点十分明显，有淘宝卖家还专门为此算了一笔账：按照顺丰的计价标准，“四日件”尽管在首重价格上还是比“四通一达”高出不少，在 3 千克以内的快件上也没有什么优势可言，但是续重部分可享高至 5 折的价格优惠，这使“四日件”在 4 千克以上快件中具有特别明显的优势。以由北京寄往上海 2 千克的包裹为例，顺丰“四日件”的价格是 23 元，申通为 22 元，圆通为 20 元；如运送重量为 5 千克的包裹，顺丰“四日件”的运费为 38 元，而申通需 52 元，圆通为 44 元。如果看来，寄送重量较大的物品，“四日件”的确是更好的选择。

和“四日件”的价格相比，“四通一达”已经丧失优势，再加上顺丰本来就具备的服务优势，很多对服务比较敏感的消费者转而选择了顺丰。由此，在“四通一达”的主阵地——网购上，顺丰成功地瓜分到了一杯羹。

随着电商的崛起，网购成为快递业发展的重要驱动力。2016 年 10 月，国家邮政局公布的邮政行业运行情况显示，2016 年 1—10 月，全国快递服务企业业务量累计完成 241.2 亿件，同比增长 54.2%；业务收入累计完成 3079.9 亿元，同比增长 44.5%。其中，同城业务收入累计完成 438.5 亿元，同比增长 42.4%；异地业务收入累计完成 1636.3 亿元，同比增长 40.6%；国际 / 港澳台业务收入累计完成 337.6 亿元，同比增长 14.6%。尽管如此，快递业的发展速度仍跟不上网购的需求。这表明，我国的快递行业还有很大的发展空间。

与此同时，国外快递巨头也在积极申请国内快递牌照，不少国内电商企业也已经获得快递行业的“准入证”。在这种情况下，快递行业的竞争必然愈加激烈，而且随着市场的完善，价格战也不是长久之计。抛开自身定位局限，推出满足不同客户需求的产品，细分市场，提升服务质量，才是快递业不可逆转的发展潮流。从这个角度来看，顺丰速运的“四日件”迎合了产品精益化和市场细分化的行业趋势。当然，面对顺丰的“四日件”，“四通一达”并没有坐以待毙，新一轮的惨烈竞争逐渐展开。

搞定“爆仓”，抢先赢得电商高峰战

2009年以前，11月11日只不过是一个普通的日子，所谓的“光棍节”也只是民间流传的一种说法。

2009年11月11日，淘宝“双11”购物狂欢节诞生。当年仅有27个品牌参与，交易额也只有5000万元。不过，随后“双11”交易额以几何级数增长，2019年更是达到了惊人的2684亿元。

“双11”的火爆，也带动了“双12”以及国庆、春节等传统节日的网购狂欢，中国快递业的物流配送能力随之遇到了极大的考验和挑战。

做快递，生意火爆的确是好事，但如果火爆到根本忙不过来，就会让很多快递老板头疼了。例如，“双11”“双12”前后，因为快递量过大，很多快递公司都会出现“爆仓”现象。

快递业中的“爆仓”现象，是指快递公司在短时间内收到大量快件，来不及分拣，甚至没办法再收件，于是大量快件被滞留在始发站或者中转站，到达目的地的时间比平时要长好几天甚至一周以上。不仅如此，“爆仓”还可能引发快件丢失、损坏、错递等现象，后果往往就是消费者的退货和差评，还有对快递员的不满与抱怨。

快递“爆仓”的主要原因是电商高速发展，但快递业的人力、基础设施等投入赶不上电商的发展速度，出现了部分供需失衡的现象。另外，还有天气、运输成本等因素。

2012 年以来，每到“双 11”等网购狂欢节，总会出现快递“爆仓”的新闻。如 2016 年“双 11”，圆通被爆出北京某站点积压了几万件快递没有送出去，网上甚至开始流传“圆通可能要倒闭”的消息。没过几天，天天快递又被爆出上海浦东某站点的 10 名快递员竟然有 7 名没打招呼就另谋出路了。还有申通上海卢湾公司倒闭，大量快件积压。

奇怪的是，每一年出现“爆仓”的几乎都是“桐庐系”的“四通一达”，只有顺丰能够独善其身。

其实，多年以来，顺丰不是没有遇到过“爆仓”，但最后总是能从容应对，妥善处理。例如，在春节前后的物流高峰期，“四通一达”因为快递员回家过年，人手总是不够，但顺丰却不会。这主要得益于顺丰内部有一个“人才超市”平台。例如，在北京工作的四川员工，如果想回老家，就可以通过这个平台发布请求，顺丰人力资源部就会协调四川分公司临时接收该员工。这样，员工就可以在老家或者离老家不远的地方继续工作到春节前的最后几天。

当然，应对“爆仓”，只有这一招还远远不够，顺丰还联系各大院校、企业、机构，采取兼职快递的方式，构建了节日临时应急体系。

不仅如此，针对最容易导致“爆仓”的“双 11”，顺丰还有针对性地推出了三大应对办法。

第一个办法是分仓备货以阻击快递“爆仓”。

针对爆仓，顺丰别出心裁地推出了分仓备货。合作商家可以与顺丰提供的服务进行系统对接，再根据自身情况，查看顺丰在全国各个区域的仓库位置、数量及库存，寻找适合自己的服务产品。然后，顺丰再根据商家需求，进行仓库货品的库内操作、货品配送及各仓之间的调拨，实现库存存储、调拨作业、订单发货、包裹配送“一条龙”服务。

分仓备货为商家提供了全国 15 个地区的 20 个仓库，其物流配送覆盖全国。除了帮助商家提前备货到发货地，实现订单未下、货件先行的智能化操作，分仓备货还能通过长途件变区内件、仓内作业、代发货等连锁操作，帮助商家有效降低人力和运输成本。按照顺丰电商月结客户最低月发件量1000件计算，顺丰分仓备货，至少可以让商家每月省下5000多元运费，还能节省30%左右的订单配送成本以及40%以上的仓储及人工成本。另外，顺丰还向商家保证，其发货速度与京东、淘宝等一线电商相同，并且向商家全程实时推送发货、配送的状态。

第二个办法是用“保时达”化解买家的不满和差评。

中国行业研究网数据显示，2013年，整个“双11”的退货率高达25%，部分商家更是高达40%，主要原因是快递过慢。

为了保证“双11”时期的快递速度，2014年“双11”，顺丰适时推出了名为“保时达”的产品服务，确保按时送达，帮助商家化解买家的不满和差评。“保时达”服务是指在网购旺季运力资源极其紧张的情况下，专门针对高端电商客户推出的增值服务。顺丰为这些客户开辟特殊运力，保证准时送达，以应对网购高峰。

快递准时到达，买家及时确认收货，不仅能减少退货率，更减少了催件、查件的客服量。“双11”期间，除了快递员，客服人员无疑是最忙碌的，尽早结束一单，就可以减少数次咨询服务的时间和精力，将其用到新的销售咨询中。如此形成良性循环，就能减少人工和时间成本，提高销量。

如果快件在“保时达”规定的时间内没有准时送达，顺丰会主动赔付消费者，帮助商家挽回信誉，并减少损失。

“保时达”一经推出，很快就获得了商家和消费者的认可。很多卖家，尤其是大店主，纷纷转投顺丰的怀抱。

第三个办法是推出“买卖保”，减少卖家和消费者的损失。

“双11”之后，物件破损、退货、理赔等也是导致快递“爆仓”的常见问题，消费者怨声载道，卖家也十分头疼。如何才能让商家与消费者皆大欢喜，互不扯皮？顺丰看准时机，从物流环节切入，推出“买卖保”：在原有运费的基础上加收 1 元保费，如果物件在快递过程中损坏或遗失，则商家最高可获得运费 100 倍的赔偿（最高不超过 3000 元），消费者在没有任何损失的情况下，最高也可获得 100 元的赔额。

“买卖保”从商家的需求出发，兼顾消费者的感受，商家只需用很小的成本就能避免快递环节产生的损失。产品的赔付条款，对商家与消费者同时生效，既是一种安全保障，又是一种情感安抚，在化解消费者负面情绪的同时还能留住用户，提升用户体验，带来重复购买。

分仓备货、“保时达”、“买卖保”，这三大办法分别从仓储、运力、售后三大物流核心环节入手，助力电商智慧布局，省心省力度过网购狂欢节，也让顺丰最大限度地避免了“爆仓”，可谓是一举多得。

除了以上具体措施，顺丰之所以能屡屡避免“爆仓”，还有一个很重要的原因，就是控制自己的接单量。当同行都在为网购狂欢节带来的高额利润趋之若鹜时，顺丰首先会考虑自己的可承受能力。例如，当接单量超过 300 万件时，不少快递公司老板都会喜出望外，想尽办法去接下这些单子，但是顺丰却会推掉其中至少 50 万件单子。因为按照顺丰的运力，一旦接单量超过 250 万件，快递员就很难在当天送完库存货物，最终就有可能导致“爆仓”。

当“四通一达”等同行纷纷陷入“爆仓”危机、仓皇应对时，顺丰却能安然化解，自然会有更多的消费者选择顺丰，这样不仅增加了顺丰的业务量，还无形中提升了顺丰的口碑。如此，顺丰又后发制人，通过搞定“爆仓”，在“四通一达”最拿手的电商领域，赢得了网购狂欢节的快递高峰战。

战火蔓延，从城市到农村

顺丰涉水低端市场，加快与电商合作的步伐，一步步蚕食“四通一达”的市场。对此，“四通一达”不可能坐视不理，除了想方设法保护自身的市场，也开始不断侵入顺丰的优势领域。在北京、上海、广州和深圳等一线城市，申通、圆通等公司也已经能做到次日送达，在速度上和顺丰相差无几。同时，它们也正在开展包机、海淘转运等业务，将触手伸向了中高端市场。可以说，快递行业比拼的一个重点就是覆盖广度，无论是顺丰还是“四通一达”，如果只想着自己的“一亩三分地”，那么在竞争中迟早会处于下风。

从 2014 年开始，国内快递行业演绎出了两大主旋律，一是“出海”，二是“下乡”。当前，一线、二线城市的快递业务已经成了竞争的“红海”，而“出海”要和海外快递巨头过招，难度更大，因此，三线和四线城市、县、乡、镇，尤其是农村才是各大快递公司的下一片“蓝海”，而这里自然也就成了顺丰和“四通一达”的新战场。

我国农村地区地域广大，形势较为复杂，而且 2014 年以前，农村的快递市场一直被 EMS 牢牢占据。

随着移动互联网的普及，广大农民也开始加入网购行列。有了 4G 手机，他们不管是外出打工，还是在家务农，都能随时上网买东西，享受移动互联网带来的便利。另外，随着人们对生活品质的要求越来越高，农产品直产直销的模式也越来越受到广大消费者的欢迎，因此，农村不仅是重要的网购市场，还是网商的重要组成部分。数据显示，2014 年，农民网民就已经上升到 1.78 亿人，其中有网购、网商经历的超过 8000 万人，同比增长 40.6%，农村网购、网商的交易规模超过 1800 亿元，同比增长 60% 以上，远高于城市网购、网商的增速。但是，与火热的农村网购、网商市场形势相比，农村快递却远远不到位，买到的或者卖出的商品很难及时送到消费者的手中。所以，完善农村的物流体系迫在眉睫，快递“下乡”也已成为必然趋势。

在快递“下乡”这方面，不仅 EMS 早已抢得先机，“四通一达”也比顺丰布局要早。以韵达快递为例，截至 2013 年底，在全国 3238 个区、县级城市中，韵达已开通的网点为 2900 多个，而当时，顺丰还没有开通县级城市的速运业务。

那么，以速度著称的顺丰这一次缘何会如此“缓慢”呢？

答案其实很简单。顺丰的主要业务是商务件，定位是中高端客户，以速度快、服务好、收费高为特点，所以更适合在一线城市和经济发达地区发展，并靠直营模式保证服务品质。在民营快递中，顺丰之所以最早购买飞机作为运输工具，也正是为此。而乡镇的快递业务则多以服装、食物等电商件为主，这是“四通一达”等公司的优势，因为它们采取了加盟商模式，它们比顺丰覆盖了更多的三线和四线城市、县城以及乡镇。

不过，眼看着农村这一片广阔的“蓝海”正在被“四通一达”分食，顺丰不可能一直无动于衷。2013 年，顺丰就开始布局县级城市。2014 年，顺丰又鼓励员工去华中、华西、华北等农村地区创业，让他们成为公司的合作加盟商，并开拓广阔的农村市场。“我们希望能尽量快地进行农村网点建设，鼓励自己员工创业就是方式之一。”王卫如是说。

一些业界人士认为，顺丰如果继续执行其现有的价格体系，很可能难以大面积开拓农村市场，特别是在经济不太发达的地区。对此，顺丰的回应是，农村网点的开设是公司综合考虑的结果。就价格而言，公司也都会根据农村网点的业务密度、地理环境等具体情况，进行全面衡量。

在农村市场，之前早有布局的EMS和“四通一达”已经具有一定的市场覆盖率，昔日以直营、项目物流为主的宅急送，从2013年起也全面开放地县级加盟。顺丰如果想后发制人，除了需要在保持自身优质服务的基础上灵活调整价格，还需要面对一个严峻的问题：如果以直营模式进军农村市场，成本和价格会完全倒挂，在农村布局越广，越容易亏损。而开放加盟和代理不仅能解决网络覆盖深度和广度问题，还能有效地节约成本。不过，开放加盟或代理也会遇到各网点服务标准不一致以及不方便总部管理等老问题。

为了解决这个问题，在经过深思熟虑后，为了保证顺丰的品牌和口碑，王卫强调，除了从内部员工中寻找代理，保持“血统的纯正”，顺丰还要继续保证自己的直营“标准”，农村网点只能专营顺丰业务。此外，对于想去农村建立网点的内部员工，顺丰也会对其资质和身份进行相应的考核，看其是否具备顺丰标准和理念，操作是否规范，场地布局、软硬件设施是否符合统一管理等。如果考核通过，顺丰就会为该员工提供创业资金和帮助。

尽管在与“四通一达”的竞争中，顺丰多处于上风，但毋庸置疑，在电商和移动互联网领域，和这些老对手相比，顺丰还是先天基因不足，需要“补课”。作为一家出类拔萃的民营企业，顺丰无论在哪个方面，都具有民营企业的典型传统：悠久的发展史、20多万名员工、军事化的管理、数量庞大的线下实体店和超强的执行力等。这些都和互联网公司所喜好的“思辨大于执行力”“小而美”的思维大相径庭。“罗马不是一天建成的”，这样一家典型的民营企业要成功转型到电子商务领域，也不是一年两年就能成功的。但身处电商下游产业的快递物流行业，顺丰又天然具备了向上游扩展的优势，若要在与“四通一达”的竞争中继续保持优势，布局农村快递，已成为顺丰转型过程中至关重要的一步！

前有强敌，后有追兵，顺丰的对手不只是“四通一达”

有人的地方就有“江湖”,有快递的地方,自然也有“江湖”。整个快递“江湖”20 年来小打不断，大战亦多，尤以顺丰与“四通一达”的激战居多。但明面上的敌人往往并不是最可怕的。随着网购的快速发展，各大电商物流基础设施的抢滩之争已经刺刀见红，大家都在积极地筹建仓库和配送网络，靠送货时的优质服务招揽客户，意欲把卖家和消费者牢牢地掌握在自己手中，而不是依靠顺丰和“四通一达”等民营快递公司。

前有强敌，后有追兵，身处这样残酷的竞争环境中，顺丰要想继续保持“领头羊”的位置，绝对不会是一件轻松的事情。

第一个无比强大的追兵自然是中国最大的电商企业阿里巴巴。

2013 年 5 月 28 日，阿里巴巴集团、银泰集团联合复星集团、富春控股、顺丰集团、“三通一达”（圆通、申通、中通、韵达）等合作方共同组建了菜鸟网络科技有限公司。在菜鸟网络的股权结构中，阿里巴巴投资 21.5 亿元，占股 43%。阿里系的银泰通过北京国俊投资有限公司投资 16 亿元，占股 32%。富春集团则通过富春物流投资 5 亿元，占股 10%。上海复星集团通过上海星泓投资有限公司投资 5 亿元，占股 10%。顺丰、圆通、申通、中通、韵达各出资 5000 万元，各占股 1%。

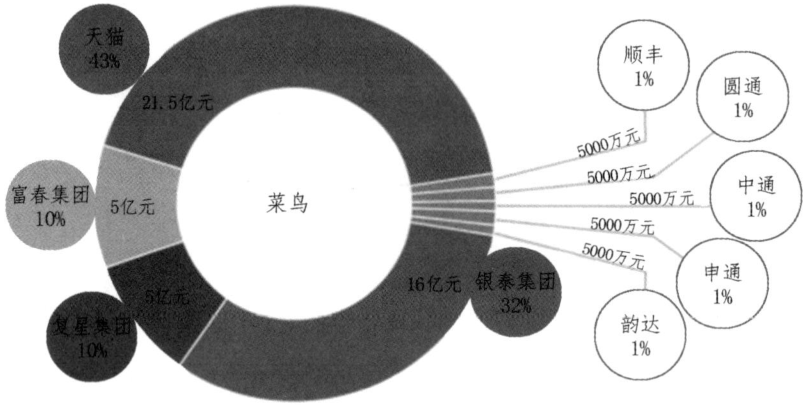

图3-2 菜鸟网络股权结构

菜鸟网络成立的初衷是建立一个中国智能骨干网，在物流的基础上搭建一个开放、共享、社会化的基础设施平台，通过自建、合作、改造等多种模式，在全中国范围内建立一套开放的社会化仓储设施网络。因为多家快递公司70%以上的业务量均来自淘宝，因此它们被吸引至菜鸟网络平台上，对接各自的信息系统，自觉根据菜鸟的要求改进自身快递服务体系中存在的问题。

最开始的两年，一众快递公司对菜鸟网络的态度以合作支持居多，毕竟这是一个能产生巨大价值的平台，且强调开放、合作、共享。可是两年之后，菜鸟网络露出强硬的一面，开始打破平衡，制定规则与门槛。对此，其给出的解释是，消费者的物流体验要求菜鸟提升平台的服务质量，以跑赢这场竞争。

但在很多快递公司看来，这一规则颇有点“挟天子以令诸侯”的意味。顺丰和“四通一达”等民营快递巨头，自然不愿意看到整个快递“江湖”被菜鸟网络统一。2015年5月28日，在菜鸟网络举行的“快递江湖大会”上，顺丰缺席，双方自此开始分道扬镳。一个月后，为了对抗菜鸟网络，顺丰与申通、中通、韵达暂时放下了对抗，联合发布公告，共同投资创建深圳市丰巢科技有限公司，通过运营“丰巢”智能快递柜，以提供平台化快递收寄交互业务。

丰巢的创始股东顺丰以及“四通一达”在国内拥有超过 8.7 万个服务网点，85 万名一线配送人员，每日递送全国 50% 以上的快件。强大的网络优势令丰巢一诞生，就被视为与菜鸟网络旗鼓相当的对手，而阿里巴巴也成了顺丰最大的“敌人”之一。

除了阿里巴巴，顺丰还有另外两个强劲的追兵——家电连锁企业苏宁和电商巨头京东。

2017 年 1 月 3 日，苏宁云商对外发布公告，旗下子公司苏宁物流以 29.75 亿元收购了天天快递 70% 的股份。同年 2 月 28 日，京东高级副总裁王振辉召开发布会表示，京东物流将通过仓配一体、独立配送、送装一体、无忧售后、大数据服务、物流云、国际供应链和供应链金融等开放服务，成为中国商业基础设施提供商。

就整个快递行业的生态链来说，随着京东开放物流、苏宁收购天天快递引入物流社会化服务，京东、苏宁必然成为顺丰的两大劲敌。

和顺丰以商务件快递起家不同，京东和苏宁最初都以零售为主。苏宁早期以家电连锁为主，后期开始发力苏宁云商，而京东则主攻电商，物流是在后期逐步发展起来的。

不过，现在快递物流的界限越来越模糊，只能通过送货方式去定位。就目前而言，尽管京东开放了自营物流体系，但在模式上还是与快递有所差别。

快递包括送和收两个方面，顺丰在送的方面十分完善，但在仓储上却存在短板，所有的终端厂和仓库都不具备特别强的仓储能力，所有货品采取的都是快进快出的方式。所以，顺丰有一个十分重要的指标——存货，一旦存货超出限定标准，就会引起整个快递链条的断裂，这也是顺丰一直强调时效的原因。

相比较而言，京东和苏宁的优点在于仓储体系比较完善。但京东收散件快递的模式像传统的物流送仓一样，需要预约、清点等，费时较长，因此，京东的客户大多是固定的 B2B 协议客户。京东和苏宁的模式是仓储加物流，少了一个快递核心环节——分拣。从内容上看，京东和苏宁以传统物流为主。能否将快递业发展起来，还需要看京东和苏宁是否有足够的资金投入进去。

不过，模式并不是固定不变的。例如，苏宁虽然在物流社会化业务和“最后一公里”的配送能力上还有所欠缺，但收购天天快递有利于弥补这种不足，同时加大了苏宁与京东等电商比拼的筹码。物流能力的逐渐增强，也将为苏宁物流开放并实现营收打下基础。

以零售起家的京东和苏宁，客户量比较大，必然会对顺丰造成一定的分流，而且二者都以自营模式为主，已经在商业零售、物流等领域开始全产业链布局，这必然给顺丰未来的市场布局带来很大的竞争压力。

事实上，除了阿里巴巴、京东和苏宁，其他各大电商也都是顺丰潜在的对手。同时，顺丰还不得不抵抗联邦快递、UPS 两家外资巨头的凶猛进攻。所以，就整个生态链而言，在这场前有强敌、后有追兵的物流竞争中，顺丰面临的挑战不可谓不小，至于顺丰能否笑到最后，就只能交给时间去验证了。

大战菜鸟网络，顺丰的野心不只是快递

2017 年 6 月 1 日，中国市值最高的快递物流企业顺丰和阿里巴巴旗下最大的物流及供应链平台菜鸟网络，展开了一场隔空“互怼”的大战。

菜鸟网络在 2017 年 6 月 1 日下午发布一则公告，称顺丰突然关闭了对其的数据接口，正在与顺丰紧急沟通。而顺丰方面则称是菜鸟网络先封杀了其旗下的丰巢科技。

虽然争吵双方对于谁先发难各执一词，不过，双方的矛盾焦点是一致的，

就是物流数据安全问题。菜鸟网络称，此次事件发生前，为了保护消费者隐私、电话信息安全，菜鸟网络根据安全团队的建议，正在对全网物流数据进行信息安全升级，加强对海淘、快递柜等物流数据的多重交叉验证，但顺丰及丰巢科技出于各种原因并不配合。而顺丰则称，菜鸟网络要求丰巢提供与其无关的客户隐私数据，此类信息隶属于客户，丰巢本着“客户第一”的原则，拒绝这一不合理要求。

双方各执一词，争吵不断，丝毫没有退让的迹象，局势趋于白热化。起初，纷争只是单纯在菜鸟与顺丰之间进行，但随后不久，其他相关企业就纷纷加入了战局。

6 月 1 日晚，腾讯云作为首个第三方加入了战局，选择支持顺丰一方，称会助力顺丰布局云端，对顺丰的数据与业务安全问题，无论怎么重视都不为过。

6 月 2 日上午，京东创始人、CEO 刘强东就此事表态 :“我相信顺丰的品质、王卫的为人！”

腾讯云与京东的入局似乎助推了战事的升级。美团、网易、优信等企业纷纷以行动表示对顺丰的支持。

眼看顺丰一方的声势逐渐壮大，菜鸟网络随后也发起了攻势。6 月 2 日晚上，先后有圆通、全峰、国通 3 家快递企业以及苏宁、易果生鲜 2 家电商企业公开站队菜鸟。双方形成了两大阵营，一度形成当年 360 与腾讯的“3Q 大战”一般的形势。

谁都没有想到，菜鸟与顺丰之间的争执，能够如此快速地从物流行业蔓延到整个互联网圈子，演变成新一轮的阵营对峙。一场互联网大战一触即发。

不过，国家邮政局的介入迅速平息了此事。6 月 2 日晚，国家邮政局召集菜鸟网络和顺丰速运高层来京，就双方关闭互通数据接口问题进行协调。这场协调会一直开到 3 日凌晨 1 点多，双方终于达成共识 : 从 6 月 3 日 12 时起，全面恢复业务合作和数据传输。

那么，回过头来分析，作为菜鸟网络小股东之一的顺丰，为何敢于向电商巨头之一阿里巴巴叫板？王卫到底凭什么呢？

首先，相比其他民营快递企业，顺丰对阿里巴巴没有太大的依赖。

一直以来，顺丰的市场定位都是中高端市场，在传统商务快递方面具有明显的领先优势，在快递的时效、安全、服务等方面均已经建立起了比较强的竞争优势。

在电商快递方面，其他民营快递如“桐庐系”，其 70% 的订单来自阿里巴巴，对阿里巴巴的电商体系有着重度依赖，而顺丰只有 20% 的订单来自阿里巴巴。反之，阿里巴巴的生鲜、3C 等商品却高度依赖顺丰，因此对于阿里巴巴，顺丰比“桐庐系”有着更大的话语权。

其次，顺丰不希望将自己的命脉交到阿里巴巴手上。

菜鸟网络作为一个大数据物流平台，号称“没有一辆快递车也没有一个快递员，与各家快递企业没有竞争只有合作”。实际上，菜鸟网络确实依赖于与联盟体系内的顺丰、“四通一达”等企业共享物流数据，这样菜鸟才能发挥平台的作用，提升物流效率。

马云在 2017 年全球智慧物流峰会上就曾呼吁各家快递企业联合应对物流行业未来的挑战，而同年 5 月 29 日，阿里还与包括顺丰在内的 15 家快递企业签署了战略合作协议，称要进一步推动数据开放连接。

数据是顺丰的命脉，王卫甚至喊出“希望所有快递行业同仁警惕菜鸟无底线染指快递公司核心数据的行为”。刘强东此前曾评价菜鸟网络：“本质上是在几家快递公司上搭建数据系统，几家快递公司的大部分利润都会被菜鸟物流吸走。快递公司也知道这一点，只是现在已经没有能力离开了，不听它的，你被它踢出去，可能 50% 的包裹量就没有了”。

刘强东所说的其实也正是王卫所担心的，这也是王卫如此警惕菜鸟网络，并大战菜鸟网络的根本原因。

最后，王卫并不是一个人在战斗，顺丰获得了京东与腾讯等互联网巨头的支持。从这次事件的整个过程以及目前互联网企业的布局和发展形势来看，阿里巴巴虽然强大，但并非强大到没有对手。退一步讲，顺丰即使完全切断与阿里巴巴的联系，也依然有其他可选项，这也为王卫在与马云的叫板中增添了底气。

第 4 章

突袭：涉水新领域，且行且谨慎

中国的商业世界既令人兴奋又杂乱无意，新的技术层出不穷，新的营销模式令人眼花缭乱，移动互联网的强势杀出，更是让顺丰面临着一个前所未有的复杂局面，涉水新领域已成必然。

拥抱互联网，经营粉丝

最近几年来，移动互联网迅速普及，“互联网+”模式通过互联网来连接一切,为企业跨界融合和企业创新提供了基础和驱动力。各行各业都在运用“互联网+”模式重塑产业结构，通过分享，通过互联网连接企业与消费者，形成人人参与分享的社区生态经济。

“互联网+”模式的发展是不可逆的，传统行业面对冲击，直面和拥抱互联网是最基本的要求，但是如何直面和拥抱呢?

对此，王卫提出做“具有互联网思维的企业”，并用饭店系统作了一个形象的比喻：

顺丰就是要从单纯的快递物流企业过渡到具有互联网思维的服务型企业。未来顺丰要扮演什么角色呢？是饭店。饭店的物流供应商、饭店的信息系统，还是一个简单的咨客？都是！

现在我们所处的时代是互联网的时代。有人说我们这些传统的物流快递企业要想跟上时代的节奏，必须招聘一些具有互联网思维的人才。当然，这是很有必要的。但我不认为简单地引进一些互联网人才就能解决目前顺丰所面临的诸多问题。更重要的是，所有顺丰人都要有互联网思维。

所谓的“互联网思维”具体到快递领域，我个人的看法是：公司应该反应更快，组织更加扁平化，而且能够根据客户需求不断迭代，随时随地改进服务。这个对于我们传统企业来说，是很大的冲击和挑战。

冲击和挑战主要在于：以往我们提供的都是高度标准化的产品和服务，要想反应得更快，围绕客户的个性化需求提供更多的定制化服务，就必须改变我们原有的管理和操作模式。

举个例子，就拿广东最出名的早茶来说——它是标准化还是个性化？好像都说得通。你去酒楼，打开点心纸，上面有过百款的点心小吃供你选择，你喜欢哪几款，自己打钩下单，三五分钟后点心就会被端上桌，这是一个相当个性化的过程。但是对于后厨的点心制作部门来讲，它又是一个相当标准化的过程：做虾饺的就做虾饺，包烧麦的就包烧麦，什么皮包什么馅，包完蒸多少分钟，剩多少了就要开始补货，都有一套科学标准的流程。

而现在的互联网概念就是：客户在走进餐厅之前，他提前通过手机点的餐已经到了后厨，客户一来马上就蒸熟端出来给他，这是一个无缝连接的过程。整个供应链程序高度扁平化，可以最大限度地降低成本、提高效率，并且从价格、服务、个性化需求对接方面提升客户感知。

2015 年 8 月 19 日，一则关于顺丰涉足外卖行业的话题在线上引发广泛关注。有网友预测，随着顺丰的加入，外卖行业新一轮的激烈竞争即将展开。对此，顺丰官方微信公众号在次日上午进行了辟谣。原来，“快递小哥送外卖”事件只是“丰蜜”探班顺丰大本营的粉丝活动。

顺丰并没有涉足外卖行业，尽管这让很多喜欢看热闹的网友大失所望，但是“丰蜜”这一极具互联网特色的名词，也让更多的业内人士意识到，作为民营快递“领头羊”的顺丰正在加速拥抱互联网,以适应变化,跟上时代发展步伐。

在10多年前,“粉丝”这个词大多出现在娱乐圈或者体育圈,只有娱乐圈和体育圈的大明星才有数量庞大的铁杆粉丝追捧,如超级女声流行时期,李宇春有“玉米”、张靓颖有“凉粉”等。在互联网迅速发展的时代,“粉丝经济”的影响开始显现。全球经营“粉丝经济”最成功的公司无疑是苹果,国内最具代表性的则是小米。小米公司用4年的时间迅速成长为全球智能手机前三强,在创始人雷军看来,其成功秘诀之一就是“因为米粉,所以小米”的“粉丝经济”。和小米类似,华为有“花粉”,魅族有“魅友”,各种名目的粉丝不断涌现。而且,每一家拥有大量粉丝的企业,其网络营销的阵仗往往都很大,甚至被冠之以“病毒营销”的名号,搞得外围观望的传统企业艳羡不已,纷纷加入“粉丝经济”的大潮。

对互联网有所了解的人都清楚,所谓的“粉丝经济”,体现的是企业由产品思维导向朝用户思维导向的转变。所以说,并不只有互联网行业能享受“粉丝经济”带来的益处,传统行业也能与“粉丝经济”完美融合。这就为顺丰处理与消费者之间的关系提供了一个新的方案。

在产品思维导向时代,顺丰的发展核心是提高产品和服务质量,这使得顺丰在人员素质、网店布局、仓储、物流等方面积累了雄厚的实力,并且奠定了顺丰在民营快递行业的领军地位,也为顺丰向“综合服务提供商”的转型打下了良好基础。

在用户思维导向的互联网时代,顺丰开始重视经营者与消费者的关系,通过消费者体验、消费者经营来逐渐沉淀自己的忠实粉丝,并通过粉丝维护口碑,形成具有顺丰特色的粉丝圈,在这个圈子中,每个粉丝都可以找到自己崇尚的生活方式。这也是互联网时代,用户对于企业的最大意义。

在互联网时代,为了让“顺丰服务”深入消费者生活的各个方面,顺丰打造了与消费者沟通的全新方式,借助“粉丝效应”促进消费者对顺丰倡导的高品质生活方式的追求和体验。

2014 年 7 月，首届“发现顺丰大数据——丰蜜探班大本营”活动在北京举行。30 位“丰蜜”一起走进顺丰优选北京仓库及华北分拨中心，亲身体验顺丰的大数据技术——了解来自全国各地的包裹如何被分拣然后被送往目的地，包裹背后的信息流和数据流如何贯通。这种亲身参与和体验让粉丝们更加深入地了解顺丰。这次活动代表着顺丰粉丝团的初步形成，活动结束后，顺丰立即抢注了“丰蜜”商标。2015 年 8 月，第二届“冰与火之歌——丰蜜探班大本营”活动也顺利举行，这一次顺丰则带粉丝们深入了解了顺丰冷运品牌。

从 2014 年“双 12”期间的“奔跑吧，顺丰”——“丰蜜”们与顺丰小哥在全国 8 个城市“互撕名牌”——到连续成功举办两届“丰蜜探班大本营”活动，通过“走出去”和“请进来”，“丰蜜”们从不同角度体验了顺丰服务全流程并为顺丰服务提出了建设性的意见和建议。事实上，遍布全国的中转、网点、仓网体系以及随处可见的着装统一的顺丰小哥，都是顺丰在产品思维导向时代结出的硕果，在用户思维导向的时代成了顺丰经营粉丝的天然优势。拥有庞大消费者资源的顺丰，通过经营这些忠实粉丝，为自身服务、产品、宣传、创新提供了口碑和重要的智力支持。

用户思维导向让传统企业与互联网完美融合，顺丰已经通过一系列动作开始了与粉丝用户“丰蜜”的良好互动，了解他们希望获得什么样的产品、什么样的服务，这无疑是顺丰拥抱互联网的关键一步。而且，在未来很长一段时间，借助粉丝的力量，顺丰还可以衍生出更加深入、更加广泛的综合服务。

坎坷电商路，有打击也有收获

2009年，浙江嘉兴顺丰某网点得到了一个意外收获——卖掉了100多万个五芳斋粽子。原来，该网点瞄准端午节的机会，将在苏浙一带远近闻名的五芳斋粽子推销给顺丰客户。端午节吃粽子是中国人几千年来的传统，尤其是在南方，再加上顺丰“包邮”的吸引，成交率自然很高。

这次“顺带”式的销售尝试，让顺丰人打开了思路，之后又用相同的手法在中秋节卖月饼、在春节卖年货，甚至推销阳澄湖大闸蟹，结果，销售成绩都很好，2010年端午节更是卖掉了500多万个粽子。更令人赞赏的是，在这种销售中，顺丰不用承担太大的风险，只是借助自身的配送优势，建立起客户的信任，推销自然而然，没有任何违和感。

亲历此事的一位顺丰员工直言：“卖粽子的成功尝试直接将顺丰送上了电子商务的道路。”

的确如此，在粽子推销大获成功后，顺丰就势于2010年8月推出了“顺丰E商圈”，主打健康生活网上购物，主要销售各种食品和少量3C产品。与此同时，在深圳布局便利店业务，尝试O2O模式，即消费者在网上下单后，可到门店自行取货，也可以到门店体验产品后再上网下单，实现双向互通。

按理说，这个闭循环模式十分完美，但该电商产品并没有取得预期目标。现在，“顺丰E商圈”早就关闭了内地的业务，将主阵地转移至香港。

2012年3月，顺丰再次涉水电商，上线高端礼品平台“尊礼会”，主要销售各类消费卡、保健品、工艺品等，主要面向中高端商务人士。不难看出，这其实是“顺丰 E 商圈”的升级版，顺丰希望通过 O2O 的方式锁定高端礼品市场。然而该产品上线不久便停止了运营，网站到现在还处于“测试中”。

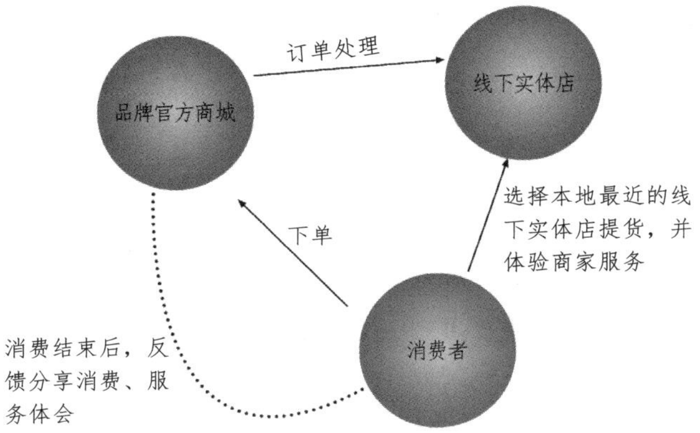

图4-1　O2O模式图解

“顺上 E 商圈”和“尊礼会”折戟沉沙，顺丰却没有就此停下电商的脚步。令人无奈的是，顺丰的电商之路充满坎坷，多以失败告终，沦落为一段又一段任人评说的“故事”。

除了“顺丰 E 商圈”和“尊礼会”，我们再来盘点一下近年来顺丰在电商领域的试水：

顺丰优选

推出时间：2012 年

市场定位：高端食品的电商平台

发展状况：顺丰优选是顺丰推出的第三个电商平台，主打生鲜食品。不过，一年后顺丰优选入驻天猫，并没有找到作为单独平台型电商的出路。而且，顺丰优选推出后，也出现了不少问题，光是 CEO 就换了 4 位。王卫对顺丰优选极为看重，曾再三强调“顺丰优选是不能失败的项目”，故此，在开局不利后，顺丰优选开启线上线下融合的资源整合之路，从一个垂直生鲜电商平台转变成一个综合类电商平台。

丰趣海淘

推出时间：2015 年 1 月

市场定位：顺丰旗下唯一自营跨境进口电商平台

发展状况：2014 年，顺丰重磅推出跨境进口零售网“顺丰海淘”，以自有采购团队和境外电商的组合，为消费者提供海外优质品牌的进口商品。产品包括母婴用品、保健品、快消日用品、流行服饰箱包、居家生活用品，以及各种多元化的海外生活体验商品。2015 年 10 月，“顺丰海淘”正式更名为“丰趣海淘”。改名的主要原因在于，“顺丰海淘”给人的形象比较强烈，而跨境电商业务从商品的品类规划到购物体验的完整性，需要重塑更清晰的用户心智，给海淘一个更加明确的定义。

在众多跨境电商企业中，丰趣海淘独辟蹊径，率先推出非标品、个性化的直邮模式，成了海淘行业发展的新标杆。当众多跨境电商还在努力部署海外仓以冲刺海外直邮业务时，丰趣海淘的销售额已经有半数以上来自直邮，在各家电商里遥遥领先。

嘿客

推出时间：2014 年 5 月

市场定位：“最后一公里”的社区 O2O 项目

发展状况：在 O2O 越来越火的大浪潮下，嘿客从社区 O2O 切入，希望打造一个线上购物与线下投取的平台，做中国物流领域的百货公司。这无疑是个创举，也曾经引发业界惊叹，但嘿客成立后，却一直处在质疑中，被认为是顺丰涉足电商最失败的产品，其主要问题在于成本太高而利润太低。从2015年开始，面对亏损、关店以及裁员的危机，嘿客开始尝试转型，对华东和华南地区的100多家门店进行了转型升级，但效果并不理想。最后嘿客被并入顺丰优选，之后又经过几番调整，2016年10月开始，嘿客以及此前由部分嘿客门店调整而来的顺丰家同时被淘汰。如今顺丰线下零售门店品牌形象全面更换为顺丰优选。

丰卖网

推出时间：2016年4月在俄罗斯上线

市场定位：出口电商平台，是顺丰首个海外电商平台，目前仅针对俄罗斯电商市场。

发展状况：丰卖网涵盖的产品类目包括服饰、鞋包、3C、电脑、电子产品、运动户外、美容、母婴、家居园艺及汽配等。丰卖网还和俄罗斯排名第一的本土电商Ulmart进行合作，实现出口分销功能。其实，俄罗斯已经成为国内电商企业的首选和必争之地，此前阿里、京东已经先后布局，丰卖网能否后来居上，目前的情况还不明朗。

大物图

推出时间：2016年8月正式上线运营

市场定位：生鲜B2B平台

发展状况：大物图从B2B的方向切入生鲜电商领域。刚推出时，入驻商家并不多，商品种类单一，销量也很低。但在业内人士看来，B2B业务订单量较大，订货相对稳定，对供应商数量的要求不高，相对而言更适合顺丰的发展。如果经营得好，后期还是很有前景的。

纵观顺丰的电商之路，似乎就只有“丰趣海淘”“顺丰优选”取得了一些收获和成绩，除了目前发展尚不明朗的“丰卖网”和“大物图”，诸如“顺丰E商圈”“尊礼会”“嘿客”这样的电商平台，几乎都以失败告终，这是为什么呢？

2013年以前，国内的电商市场是淘宝一家独大。2012年，京东正式开通自有物流体系，完善服务流程，直击淘宝的痛点，之后才迅速崛起。

不难看出，能在一片“红海”里抢得一杯羹的，不是行业领头羊，就是能够打破市场痛点的后来者。但“顺丰E商圈”“顺丰优选”和“嘿客”始终没有让消费者感受到它们在电商市场中的独特性。这又是为什么呢？

和人类一样，企业也都有自己的基因。与淘宝和京东这样的互联网企业不同，以快递起家的顺丰，其最强大的基因就是劳动密集、技术密集和资本密集，而对互联网不太敏感。观察“顺丰E商圈”“顺丰优选”和“嘿客”的网站页面，其页面的设计、功能的完整性、浏览器的兼容问题等，与淘宝、京东都存在很大的差距，更不用提用户体验和数据挖掘层次的需求。企业缺乏互联网观念和互联网人才，在专业程度上就输了。

此外，从消费者的角度出发，既然已经有淘宝、京东这样的优质电商，又凭什么去选择一个刚起步且没有什么突出优点的电商平台呢？

没有抓住市场痛点就过快出击电商，欲与两大巨头分蛋糕，结果是显而易见的。

当然，顺丰进军电商也有其必然性。在体量上，凭借电商快递的高速增长，“四通一达”正在快速崛起；在服务质量上，以圆通为代表的后来者也正在逐步提升。对顺丰而言，其地位面临着严峻挑战，因此，哪怕明知道“做电商物流是个死”，王卫也只能逆流而上，在“死”局中寻求顺丰电商的破局之路。

玩转掌上速递，移动端的勇敢尝试

移动互联网正在迅速改变着人们各种习以为常的生活方式。例如，用手机看视频，让很多人告别了电视，也避免了由争夺遥控器而引起的争执；在饭店吃完饭后，通过微信或支付宝转账，免去了现金交易的各种麻烦；新闻 App 能在第一时间提供各种最新资讯，不用担心看完的报纸怎么处理……可以说，移动互联正在以无法想象的速度向人们生活的纵深处蔓延，这其中也包括了快递服务。

在互联网高速发展的商业社会，不断有新的技术被发明出来，也不断有新的营销方式问世。一步慢，就可能步步慢，这对王卫和顺丰来说无疑是巨大的挑战。移动端营销便是一个最为突出的典型。比如“双 11”手机淘宝的交易额，2013 年为 53 亿元，2014 年就达到了 243 亿元，一年时间增长了近 5 倍。

移动端交易正在被越来越多的人使用，随便进一家小饭店，基本上都可以使用微信、支付宝交易，就连路边摊都可以扫码付款。在这样的大形势下，企业如果不搭上移动互联网的快车，很快就会被对手甩在身后。

在移动端，顺丰重点开发的是顺丰 App、微信公众号和支付业务，目前已经完全实现了移动端自助查单、下单、支付等操作。

先来了解一下顺丰 App 和微信公众号。

顺丰速运 App 是一款基于 iOS、Android 操作系统开发的个人快件管理软件，为客户提供自助下单、查件、订单管理、服务点查询、运费查询等“一站式”的便捷快件服务。在顺丰强大科技实力的支持下，线上移动端信息流与线下的网点、车辆、人力资源实现了完美的匹配，使得移动端应用能够更好地开展和实现。顺丰速运还别出心裁地在App中设置了查询快递员真假、实时搜索附近门店、智能推荐代收点、一键转寄、地址代码加密等功能，顺丰的软件工程师甚至结合了时下流行的“摇一摇”方式，推出了具有显著顺丰特色的“摇一摇”——当用户需要发送快递时，只需要用力摇动手机，顺丰便可以通过后台程序实现用户定位，继而上门服务。

经过了多年的迅猛增长，快递业务已经渗透到我们生活的方方面面，而在移动互联时代，随着生活节奏的不断加快，我们将越来越依赖手机，越来越依赖为我们跑腿的快递服务，如此，顺丰速运App将在手机里代替顺丰快递小哥的微笑，为用户提供更多的服务，让用户感受到顺丰不断提升的用户体验。

微信公众号是顺丰的另一个发力点。在“顺丰速运”微信公众号上，用户不仅可以获得最新的顺丰活动信息，完成最基本的快件下单、查询等功能，还可以对运费、时效、服务网点、收送范围进行查询，轻松免去客服电话“线路忙，敬请等待”的烦躁。2014年7月25日，顺丰速运率先在深圳市开通首家微信支付运费功能，实现了“自助下单—自助支付—自助查询—自助订单”的“一站式”管理。从2014年11月1日起，顺丰正式在全网范围内推广微信支付运费功能，快件服务进入微信支付时代。

用户只需关注“顺丰速运”微信公众号，就能够随时随地下单，整个过程非常便捷。“我们现在提供电子运单，通过微信公众号下单，把收寄双方的信息填写完，就不需要再手填了。”顺丰某位高管表示，顺丰的每一个快递员都配备了便携打印机，在收件时就会把电子运单打印出来给用户。在快件运送过程中，用户还会及时收到以照片为主的运送信息，一手掌握快件的整个运送过程。“对客户来讲，我们需要一个比较好的电子化渠道提升用户体验；对顺丰来讲，我们要提升效率和质量，降低成本。”该高管这样说道。

当用户对快件服务的需求渗透到从下单到收货的各个环节时，顺丰速运的微信公众号还为用户定制了个性化的快件服务——“顺丰传情”，以满足用户个性化的递送需求。寄件人通过“顺丰速运”微信公众号下单，可通过文字、图片、语音、视频的方式向收件人表达寄件心愿。这种服务传递的不仅是一份包裹，还是一份情感，进一步提升了客户体验。

为了实现“掌上速递”这个现实而迫切的目标，顺丰在移动端不断发力，除了App和微信公众号，2014年8月又与支付宝合作，开通了顺丰速运支付宝服务窗，用户可以在服务窗自助完成寄件、查询运费、查件和查找服务网点等业务。绑定手机后，还能收到服务窗主动推送的快递全程消息。顺丰移动端的服务体系不断完善，其目的正是帮助用户360°无死角地实现便利下单、查单功能，将物流的服务科技化地植入用户的移动生活。

通过顺丰速运App、微信公众号和支付宝服务窗，顺丰完美解决了快递物流企业存在的线上信息流问题，尤其是移动端信息流如何与线下物流无缝衔接，从而合理高效地安排线下资源来寄送快件。同时，快件运输过程中的每一个节点都能及时上传到信息中心，客户通过手机可以随时随地查询快件的寄送情况。

在移动互联网时代，怎样顺应时代发展潮流、拓展自身业务、挖掘新市场，是众多快递企业都在绞尽脑汁考虑的难题。对于这个难题，无论是哪家快递企业，都只能找到暂时的答案。让王卫自豪的是，顺丰提供的这个答案足以让用户对其青睐有加。

发力冷运，借资源优势抢占行业第一

众所周知，顺丰对其在电商领域的市场份额和影响力充满期望，王卫更是早就已经意识到电商对快递企业的压力和重要性，因此他才会说："顺丰现在做电商物流是个死，顺丰现在不做电商物流，将来可能也是个死。"

"四通一达"在电商物流上占据先发优势，淘宝系地盘早已被瓜分殆尽，而京东、苏宁这些后起电商则一个个铆足了劲儿一心要自建仓储物流。在这样的前提下，顺丰怎么介入电商物流，才能突破"死"局？

生鲜电商的崛起以及冷链物流门槛的降低，让王卫看到了一个新的突围机会。

顺丰优选是顺丰在食品电商领域的一个尝试。但更重要的是，顺丰看好冷链市场的潜力，希望通过顺丰优选积累冷库建设、冷链物流等多方面的运营经验，从而为更多的人提供冷链服务。"表面上我们是在做电商，实际是为冷链系统的建设以及后台的仓储物流试水，这是主要目的。"在 2013 年的一次采访中，顺丰优选原 CEO 李东起如此解释道。

表4-1　顺丰冷链优劣势与布局

优势	①好口碑
	②消费者的信任度高
	③物流+仓储的天然优势
	④优选+冷运+嘿客
劣势	①基地等来源整合
	②食品安全的严格监测
	③合作便利店少
	④C端冷链布局进度
布局	来源部分：产业直采
	冷链部分：冷链仓储、冷链干线、冷链宅配、生鲜食品销售、生鲜食品自提、供应链金融等“一站式”的供应链解决方案
	宅配版块：与顺丰嘿客业务部分进行整合
	定制布局：C2B模式拟进行“全球购+礼品中心”

与此同时，生鲜产品是没有被电商完全攻占的一个食品领域。究其原因，主要是冷链物流投资巨大，生鲜产品很难实现标准化，上游供应链不稳定。总之，生鲜电商是一个对快递要求非常高的领域，而这恰恰是顺丰的优势所在。顺丰拥有国内最庞大的快递大军，其快递服务也是国内所有快递公司中最受用户认可的。

正是在这种大背景下，顺丰集团于 2014 年 9 月 25 日正式推出了新品牌“顺丰冷运”。

顺丰冷运在整合顺丰现有物流、电商、门店等资源的基础上，为生鲜食品行业客户提供冷运仓储、冷运干线、冷运宅配、生鲜食品销售、供应链金融等“一站式”解决方案。针对的客户包括食品企业、生鲜食材市场、餐饮企业、生鲜电商等，已与联想佳沃、冰天美帝冰激凌、天猫和淘宝商户等开展合作。

顺丰冷运服务采用的是“一段式全程冷链”配送，全程可视化，即全程温控、信息记录以及调控，相比于“冷链 B2B+ 落地配”的“二段式半程冷链”模式，可以更好地保证食品安全。

正如顺丰优选原 CEO 李东起所说，早在顺丰优选上线之初，顺丰速运便开始了在冷链物流领域的布局。

2013 年 12 月，顺丰正式成立了食品供应链事业部，之后又很快推出了“仓、干、配、销”一体化的行业解决方案，并开始探索冷运领域的发展之路。顺丰冷运正式推出之后，在顺丰优选的助推下，其生鲜配送业务迅速扩张到了全国 50 多个城市。

不仅如此，2014 年 3 月，顺丰还单独成立了医药物流事业部。医药物流与冷链息息相关，2015 年初，在正式成立“冷运事业部”后，医药冷链也被归入冷运事业部。

为了真正地做好冷运业务，顺丰在仓储等方面的建设上也投入了大量的人力和物力。以下数据最有说服力：

2014 年底，顺丰就已经建成并启用了包括北京、上海、广州、深圳、武汉、成都和厦门在内 7 个城市的 10 座 B2C 冷库，总面积达 6 万平方米，成为当时国内拥有 B2C 冷库最多的企业。与此同时，顺丰还开通了 9 条冷运干线、投入 100 辆以上冷链物流车辆。2015 年 8 月，顺丰又推出了“冷运城配”和“冷运专运”两款针对生鲜电商的产品，进一步完善了冷运服务体系。在冷运方面织就了四大网络，即冷运仓网、冷运干线网、冷运配送网和冷运监控网。2015 年底，顺丰冷运已经在全国建设了 20 座冷运仓并通过 20 座冷运仓之间对开的时令生鲜专机，实现生鲜食品的快速中转。为了保证生鲜食品快速送达，顺丰冷运自有冷藏车 100 多辆，并整合社会冷藏车超过 7000 辆。

在不到三年的时间里，顺丰默默发力冷运事业，在冷库等基础设施建设、冷藏车辆、产品研发等方面投入了巨大的精力。目前，顺丰冷运已经发展到了一个非常高的阶段，构建起完善的冷仓网：50 多个城市，41 条路线，2162 个流向，贯通东北、华北、华东、华南、华中核心城市；47 座专业食品冷仓，491 辆自有冷藏车，9877 辆外包储备冷藏车。与此同时，顺丰冷运还投入资金研发专业制冷、保鲜设备，提升保鲜效率和能力；通过行业首个冷运包装实验室，不断测试、研发和优化生鲜食品包装方案；配备全网可视化监控体系，对车辆位置、车厢温度进行实时跟踪与监控。服务的客户则涵盖了时令水果农商、港口水产批发商、020 和电商、医药与疫苗制造和经销单位等等。

在冷运事业上，顺丰取得的成绩无疑是喜人的。2017 年 3 月，上市后顺丰公布的第一份正式财报也充分说明了这一点。财报显示，2016 年，顺丰冷运业务的收入达到 1.35 亿元，同比增长超过 90%。冷运和国际业务一起，成为顺丰经营的亮点。

对于顺丰冷运的发展，王卫将其提升到战略层面。王卫为冷运项目定下了很高的标准，要求实现全程“可视化”“可追溯”。

因此，除了不断提升硬实力，顺丰冷运还做着一些与其他冷运商不同的事情：

比如冷运包装实验室。这个实验室位于深圳，实验的目的就是提升冷运的包装水平，从托寄源头算起，全程保证运输与包装的匹配度，减少甚至摒弃冷运过程中的二次包装。在冷运包装上作更多的量身定制研究、量化和标准化，并推动更多用户使用匹配度高的包装解决方案，减少填充物和践行不提高成本的环保理念。在冷运仓方面，顺丰冷运则执行着非常严格的技术标准，针对叶类蔬菜、鲜肉、冷冻食品等不同食品种类设置不同的温度和湿度，实现生鲜食品的保质、保鲜。当然，这只是生鲜食品保鲜的第一步，由专业冷藏设备工具打造的冷运干线网和冷运配送网，可以实现全程温控、湿控，不仅保证生鲜食品全程不损腐，还保持了生鲜食品原始的口感和营养成分，以更严格的标准保障生鲜食品的安全品质。另外，在信息网络建设方面，商家还可以通过顺丰冷运官网实现冷运全流程的可视化监控。此举意在消除商家对冷运物流过程中生鲜食品损腐的担忧，这也是王卫一直力主实现的目标。

总之，冷链物流是物流领域的高端，是近年来的行业热点。顺丰冷运取得的成绩也是有目共睹的，其在顺丰的整个战略版图中，自然也有着无可比拟的重要作用。

布局金融业，将刀叉伸向传统银行的盘子

作为近百年来最伟大的发明，互联网正在与各行业深度融合，尤其是金融业。以移动支付、P2P、众筹等为主要形式的“互联网 + 金融”正日益渗透进大众生活，中国金融业的范围正在迅速扩大并延展。

在此大形势下，不仅是互联网行业，对于很多行业来说，“产业 + 金融”都是一个不可逆的大趋势。首先，产业集中度的提高、市场规模的扩大及核心企业的出现，有利于供应链金融的发展。其次，实体企业利润率普遍下滑，迫使企业寻找新的盈利增长点，而国内金融的供给不足，正好为企业打开了一个高增长的领域。

王卫非常看好金融业，断定这个市场的发展空间足够大，这样的市场也应该更专业、成体系地推进业务发展，所以，他很早就开始布局金融业。

2010 年 7 月，“顺丰 E 商圈”投入运营，同时推出配套支付工具“顺丰宝”，这是王卫布局金融的第一个手笔。2011 年 12 月，“顺丰宝”获得央行发布的为期 5 年的第三方支付许可——支付业务许可证。这项支付业务隶属泰海投资公司，王卫拥有该公司 99% 的绝对控股权。同年，顺丰的金融平台——顺银金融正式成立。2014 年，顺银金融获得央行发放的银行卡收单牌照，企业依然隶属泰海投资。2015 年 2 月，顺丰推出一款名为“顺手赚”的互联网理财产品。2015 年 3 月，顺丰拓展了仓储融资服务业务。2015 年 4 月底，顺丰与中信银行旗下的中信银行信用卡中心合作推出了名为“中信顺手付”的 App，主要用于支付业务。此外，顺丰金融还有各类融资业务，包括针对电商平台商户的顺丰 E 贷、针对顺丰及顺丰客户上游供应商的保理融资与订单融资、针对企业客户的融资租赁、针对顺丰员工的伙伴车辆融资租赁、针对在顺丰仓和监管仓中有库存的融资客户的仓储融资。

顺丰布局金融，并不是无的放矢。作为民营快递业的“领头羊”，在整个产业链中，顺丰居于核心地位。其上下游企业分散而多样，又有一定的信用差存在，这为顺丰布局金融创造了优势条件。具体来说，顺丰有三点优势：

第一，营业点遍布全国，服务优质，客户忠诚，拥有良好的口碑和品牌。顺丰开展金融业务，无论是针对企业还是个人，其认可度和接受度都比较高。

第二，有极其强大的自主研发的数据中心系统。该数据中心的开发和运营依靠几千人的精英团队。顺丰的相关工作人员，每天都会准时对快递包裹信息进行实时监控和管理，该地区的分部以及深圳总部的系统中都将同步收到该订单的详细信息。从这个角度来说，每笔订单都相当于一个潜在的金融业务，所以，顺丰的大数据有利于其金融业务的快速发展。

第三，把自己的金融业务定位于与顺丰有着全方位、深层次合作关系的客户。主要表现在：客户在顺丰下完订单后，顺丰金融会对订单信息进行接入分析，随后的订单采购、交易、付款由顺丰全权代理完成，在此过程中涉及的运输、仓储和交货全部由顺丰金融代为处理，从而为客户提供全方位、多层次的金融服务。

除了以上三点，从国际快递业的大环境上说，顺丰在金融方面的布局也符合其向UPS和联邦快递等国际快递巨头看齐的逻辑。拿UPS来说，在美国市场上，UPS有专门针对金融保险业的业务产品和服务，而早在2001年，UPS就通过收购美国第一国际银行成立了资本银行，把物流与金融联系了起来。

其实，快递与金融之间的合作在国内也是由来已久，针对金融保险业的递送服务并非顺丰首创。在顺丰布局金融业初期，就有业内资深人士透露，“这个市场上99%的票据物品不会交给顺丰配送。这个市场上，除了一些中小型专门配送商，就是EMS这样的国字头大企业”。不过，金融保险业配送服务这个细分市场的分散程度很高，还有很大的市场可以挖掘。

在金融保险业这个细分市场，顺丰第一次尝试的是保险业的保单配送。为此，顺丰还专门开发了一套系统与保险公司对接，保证在派送保单过程中的各个环节，都能及时地把信息反馈给保险公司。

另外，在人员招聘培训上，顺丰也下了一番功夫。“高大上”这个关键词时时悬在顺丰金融保险服务事业部头上。“初期选了一些优秀快递员转过来，很多保险公司帮我们作培训，我们重新作梳理。后来又招了一些带有金融、汽车维修背景的员工。他们做业务的时候不会背大包，要用文件夹。”曾任顺丰副总裁的王立顺如是说。

2010—2017年，顺丰在金融业已经发展了7年，但并没有进行太大力度的市场推广，这与王卫的低调风格着实有几分相似。事实上，这种状况并不难理解。一方面，快递行业本身竞争激烈，面对各路对手，顺丰的主要资源与精力肯定还是投入在物流主业上；另一方面，金融业务的风险很大，发展自然也需要稳健一些。由这些年顺丰金融的发展思路可知，其主要还是基于主业形成的资源来为金融提供场景和风控等方面的支持。例如，顺丰的支付业务就是基于电商和快递相关的场景。

既然顺丰金融主要基于主业形成的资源发展，那么顺丰自身业务的体量就决定了顺丰金融发展的上限。快递物流业务才是顺丰的立命之本，金融业务只是主业的辅助。王卫的这种思路堪称稳健，毕竟经济发展最终还是要依靠实业。

第 5 章

霸业：上市，王卫离首富仅一步之遥

兵无常势，水无常形，能因敌变化而取胜者，谓之神。

成功上市之后，资本市场对顺丰和王卫都有很高的期待，这必将助力顺丰进一步扩大核心竞争优势。王卫，这个低调的“快递巨人”，正带领顺丰朝着世界一流快递物流综合服务提供商和智能物流运营商的方向前进。一艘“快递航母”即将起航。

漂亮开局，顺丰融资首秀完美上演

顺丰高层都知道，王卫是一个具有强烈危机感的人，顺丰 3 个月没有创新和变革，他就会有一种危机四伏的感觉。在他看来，做企业就是要在不断的变化中求得发展和机遇。

正是出于这样的危机感，王卫又迈出了“颠覆性”的一步。2013 年 8 月 19 日，顺丰获得首轮融资，并出让不超过 25% 的股权，入股方分别是苏州元禾控股、招商局集团、中信资本 3 家具备国资背景的大企业。消息一经传出，立刻引起了业内震动。有人评论称 ：“王卫不融资则罢，一融资就是颠覆性的。”

对于此次融资，舆论纷纷叫好。顺丰公共事务部负责人陈欢直言 ：“顺丰多少被感动了。”在接受融资的那几天，她一直在向王卫汇报工作，还曾经试探性地问过王卫是不是应该与媒体交流一下，但被王卫婉拒了，理由很简单 ：“从来没面对过媒体，真面对了，确实不知道说什么，甚至有些害羞。”陈欢说 ：“并不是他刻意要保持低调，只是他就是这种性格，只能慢慢改变。”

事实上，从 2004 年开始，业内就一直有消息称，风投经常辗转各种关系找王卫，甚至开出天价介绍费，但他始终不肯出来见面。2012 年 9 月，一条王卫秘密“接触”资本的消息在网络上爆红，有业内资深人士透露，王卫正在考虑融资事宜，已与包括弘毅、中信等在内的多家顶级 PE（私募股权）洽谈。就在大家半信半疑之时，顺丰官方给出了一则意味深长的回应：“一直以来都有资本找顺丰洽谈，但顺丰并未与任何资本签订任何协议。感谢大家对顺丰的关心！”显然，顺丰当时没有直接、坚定地否认未来会参与融资运作。

解读顺丰首次融资

- 顺丰 2012 年营收 200 多亿元，市场份额超 18%
- 全国 5000 多个营业网点，150 余个中转机场和 1 万多台运输车
- 旗下 30 架全货机，自有 12 架，规划 2015 年达 15 架
- 顺丰出让股份约为 25%，企业总估值将达 300 亿元人民币
- 苏州元禾控股、招商局集团、中信资本联合投资近 80 亿元

创立顺丰 20 多年来，王卫几乎不在公开场合抛头露面，也多次拒绝风投，那么顺丰为何会在这样一个时间点选择 3 家有国资背景的大企业做“靠山”？对于外界的种种猜想，顺丰的一位高管坦言：“其实都不为过，因为这也是迄今为止行业内最大的一笔融资，对于顺丰而言，更是新的起点。”

的确如此，当时顺丰正处在一个非常关键的发展期，需要融资来谋得进一步发展。而且当时国内同行在资本上表现得十分强势：2012 年 4 月，EMS 披露了招股书，宣称将通过 IPO 募集资金 99.7 亿元。2013 年 5 月，红杉资本购买了中通速递一位股东的股权，股权数不超过 10%。对于红杉资本的加盟，业界认定中通会借此与上市拉上关系。各种资本都在快递市场不断寻找“新宠”。与此同时，“四通一达”等民营快递也在寻求长期发展之路，例如，申通、韵达就在大力推行规范化、标准化，在抢占市场份额的同时努力提高服务质量。此外，国际快递巨头联邦快递、UPS 已获得国内快递经营牌照，并逐渐扩大经

营范围，在中国开始新一轮的攻城略地。这意味着，顺丰在国内、国际快件市场上将会与企业规模和管理水平更高的国际巨头短兵相接。

面对内外竞争激烈的环境，通过融资增强实力成为顺丰比较理想的选择。

需要指出的是，顺丰的这一次融资属于战略性融资，投资方对上市没有苛刻的要求，彼此在思想认识上的一致才是双方认可的最先决条件。苏州元禾控股方面就表示，无论是从整个快递行业的广阔前景考虑，还是从顺丰企业本身的发展情况来看，选择顺丰几乎都不用考虑太多。因为在整个快递行业，顺丰一直以来都是标杆性企业。

顺丰之所以会选择这三家有国资背景的企业，是因为对方愿意接受这种长线投资的方式，并且具备雄厚的资本优势，可以让顺丰放心。另外，不仅是资金，这三家国资背景企业背后的资源也对顺丰的发展大有裨益。招商局在深圳有强大的海陆空资源；鉴于国际化需要，顺丰会在海外投资，设立分支机构，而中信和元禾控股可以在法律、投资经验方面予以顺丰很好的指导与帮助。

战略性融资的特点是长期性，并且没有上市的需求和压力，而财务性投资要确定一个资本退出的时间表，投资者相对看重的是短期利益。快递行业的特点是投入大、周期长，相对来说，战略性投资会对快递业健康、有序发展起到很大的推动作用。顺丰不找民间融资的原因正是民间融资多属于财务性投资，需要在短期获得利润，让资本得到溢价，而快递行业属于长线投资，短期内上市易形成泡沫，不利于行业和公司的发展。

这也与王卫一直以来坚持的原则相契合，就是始终不会将自己亲手创立的顺丰卖掉，所以既要融资，也要寻找战略合作伙伴。

“好钢要用在刀刃上”，王卫把融来的资金主要用于强化顺丰的核心资源，包括顺丰信息系统、中转环节（场地、设备、车辆和运力）、航空枢纽、电商、物流仓储设施等，“非特别针对某一业务单元”。

回过头来看，无论是对王卫还是对顺丰而言，2013 年的这次融资都是其在资本市场上一个极为漂亮的开局，也为顺丰 2017 年的成功上市打下了最坚实的基础。

快递公司争相上市的背后

最近 10 年，互联网超速发展，尤其是以阿里巴巴为首的几大电商平台。随之，与电商关系紧密的快递行业也迎来了大发展。电商的井喷式发展带动了快递行业欣欣向荣，快递已经不再是顺丰与“四通一达”等行业巨头的独家业务，菜鸟网络、京东物流等电商物流渠道的出现使本就竞争激烈的市场变得更加复杂莫测。在此情况下，通过上市向资本借力，便成为各家快递公司寻求突围的重要砝码。

2015 年 12 月，申通拟作价 169 亿元借壳深交所上市公司艾迪西登陆 A 股市场。此举为快递业借壳上市拉开了序幕。申通公布消息后，多家快递公司也纷纷发布了拟上市的相关消息。2016 年 2 月，韵达宣布与复星集团、中国平安、招商银行、东方富海、云晖投资等金融与投资机构实现战略与资本上的合作。2016 年 3 月，圆通计划借壳大杨创世，作价 175 亿元变身 A 股上市公司。另外，中通计划到香港集资 10 亿美元，百世汇通则在进行融资并筹备 IPO。顺丰的动作也很快，早在 2016 年 2 月就通过深圳证监局表示，已经开始接受券商的辅导，为上市作准备。

其实，国内最早传出上市消息的快递公司并不是申通，而是 EMS。早在 2011 年 8 月，EMS 就向证监会提交了上市申请。2012 年 5 月，证监会发审委通过审核，但因为 EMS 未能按时提交自查报告中止审查。一年后，EMS 补充提交了自查报告，并重新通过发审会审核，离成功上市仅一步之遥。但2013年12月，EMS却出人意料地主动撤回了IPO申报材料。EMS的退出表明其并没有真正做好上市的准备，由此可以看出，上市带来的不仅是机遇，更多的是压力和挑战，尤其是在这个竞争越来越激烈的行业中。

事实上，目前国内快递行业的市场竞争的确到了白热化的程度。从2013年开始，电商平台强势插手物流，想与快递公司一起分蛋糕，阿里巴巴的菜鸟网络、京东的京东物流来势汹汹，而由腾讯投资的汇通天下也在一旁虎视眈眈，其“互联网+物流车队+金融+高速路平台”的新生态模式已经正式落地。

电商自建物流平台的强势崛起，自然让第三方快递公司心生警惕，也开始不断提高自身的竞争能力。尤以顺丰的动作最大，先是对自己的组织架构进行大调整，组建了速运、仓配、商业、金融、供应链五大事业群，随后又与“四通一达”等老对手结盟，成立了一个与菜鸟和京东相抗衡的物流开放平台——丰巢。“四通一达”的动作也不小，2015年9月，圆通与美国波音公司签订协议买下15架飞机，成为继顺丰、EMS之后，内地第三家自有飞机的快递公司。

对企业来说，动作大，花销自然也大。原本“不差钱”的快递公司为了壮大自身实力，不至于在竞争中掉队，纷纷将目光投向了上市，因为只有通过上市融资，才能拥有更多的资金拓展自身业务，加强竞争力。另外，对民营快递企业来说，2016年也确实是一个上市的好时机。首先，国家政策鼓励和支持民营快递企业的发展，而资本市场对快递企业未来的发展也比较看好。其次，快递行业开始进入一体化、集约化和资本化的时代，上市是其必然选择。

近几年，国内快递市场的增长势头非常好。国家邮政局的调查数据显示，2015年，全国快递服务企业业务量累计达206.7亿件，同比增长48%；业务收入累计完成2769.6亿元，同比增长35.4%。另外，随着电商行业的快速发展，我国快递业务结构中网络快件已占80%左右，网购群体对快递的依赖度越来越高。国务院印发的《关于促进快递业发展的若干意见》指出，到2020年，基本建成普惠城乡、覆盖全国、联通国际的服务网络，基本实现乡乡有网点、村村通快递，快递年业务量达到 500 亿件，年业务收入达到 8000 亿元。由此可以看出，培育壮大快递企业是国家的重大发展战略之一。

在这样的大背景下，国内快递企业如果能够上市，股市表现会非常好，通过上市获得的回报也会非常高。而这也正是民营快递集中上市和加快上市的一个重要原因。

通过上市，与快递业的国际惯例接轨，是快递行业的特点和发展模式决定的。对于我国目前蓬勃发展的跨境电商市场，以及城镇化带来的巨大的网购快递需求，快递企业都可以通过上市抢占市场先机。相反，如果快递企业不选择上市，就会失去重大的发展机遇。

快递企业争相上市，意味着快递行业的发展将插上资本的翅膀，同时，行业的竞争也将升级、转换。除了传统的产品价格、服务网络、服务质量等竞争手段，资本运作能力和资源整合能力也将成为未来快递行业竞争的焦点。目前，国内快递行业纷纷登陆资本市场，新一轮竞争的大幕已经拉开。在未来的竞争中究竟鹿死谁手，且让我们拭目以待。

借壳上市，王卫距首富仅差两个涨停

2016 年 2 月，顺丰发布“上市辅导公告”：顺丰控股（集团）股份有限公司拟在国内证券市场 IPO（首次公开发行股票并上市），目前正在接受券商辅导，为上市作准备。

常规而言，在上市辅导期结束后，顺丰控股需要将相关材料上报证监会，等证监会受理、审核、反馈材料，然后排队等待，才能成功挂牌上市。通常来说，这个过程需要 2~3 年。在此情况下，借壳上市就是一个较优的选择。

所谓借壳上市，是指一家私人公司把资产注入一家市值较低的已上市公司，得到该公司一定的控股权，利用其上市公司的地位，使母公司的资产得以上市，通常该壳公司会被改名。

2016 年 5 月 30 日，停牌 1 个多月的安徽上市公司鼎泰新材发布公告，顺丰控股拟借壳鼎泰新材上市。

该公告显示，顺丰借壳上市方案由三大部分组成：第一，鼎泰新材置出全部资产、债务和人员，变成一个净壳，估值 8 亿元。资产的接收方为顺丰控股的股东。第二，鼎泰新材收购顺丰控股 100% 股权，初步作价 433 亿元。鼎泰新材的对价支付方式包括前述 8 亿元待置换出的资产，以及发行价值约 425 亿元的股份。第三，鼎泰新材发行股份募集配套资金 80 亿元，用于顺丰的项目投资。

这份公告发布后，从 2016 年 5 月 31 日复牌到 6 月 21 日，鼎泰新材股价连续 12 个交易日涨停。在 2016 年的股市，鼎泰新材也因此成为最引人注目的“牛股”。

2016 年 6 月 16 日，证监会就《上市公司重大资产重组办法》征求意见，在借壳上市审批越来越严格的大背景下，顺丰控股对重组方案进行了两次调整。7 月，顺丰宣布将剥离旗下全部金融资产——其直接或间接持有的合丰小贷、乐丰保理和顺诚融资租赁资产 100% 的股权，价值约 7.96 亿元。9 月底，鼎泰新材再度发布公告称，顺丰控股剥离其持有的中顺易和共赢基金的全部资产。在迅速剥离金融业务资产后，顺丰借壳上市方案终于得到了证监会的“放行”。10 月 12 日，顺丰控股的上市方案获得证监会有条件通过。此后，顺丰上市开始进入最后的冲刺：2016 年 12 月，王卫任上市公司总经理，鼎泰新材原管理层辞职，完成置出资产。2017 年 1 月 18 日，顺丰控股完成过户手续及相关工商变更登记事宜，实现发行股份购买资产，基本完成资产重组。2 月 15 日的股东大会上，《变更公司名称及证券简称》等议案均获得通过。也就是说，2017 年 2 月 24 日，在深交所更名敲钟只是个形式，标志着“鼎泰新材”的正式谢幕、“顺丰控股”的正式起航。

值得注意的是，顺丰借壳中的几个细节体现了王卫在资本运营过程中的平衡之道。

首先是顺丰骨干员工的入股价格。早在 2015 年 12 月，王卫就搭建了两个员工持股平台——顺信丰合、顺达丰润，两家持股平台以 39.22 亿元认购了顺丰 10% 的股份。从估值水平来看，与顺丰借壳鼎泰新材估值的 433 亿元相差并不是很大。这里面王卫主要有两个考量：其一，员工认购价格与市场价相差不大，体现出 433 亿元的估值相对公允；其二，避免形成巨额的股份支付，对顺丰当期利润产生冲击，动摇估值基础。而对骨干员工来说，当前入股价格看似偏高，但他们更看重的是公司上市后的收益。

其次是对募集配套资金的控制。在顺丰借壳上市方案中，鼎泰新材发行股

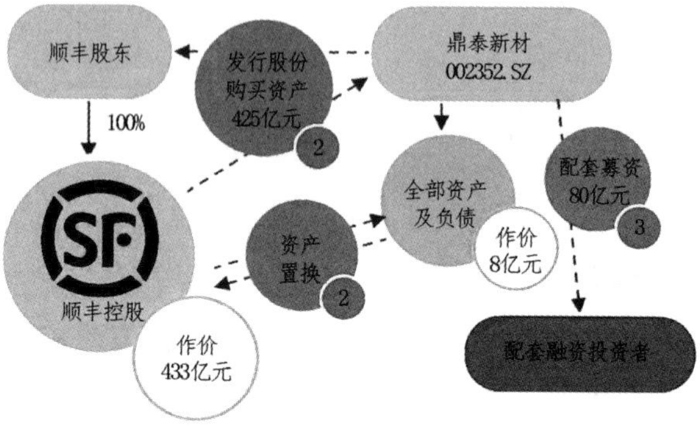

交易步骤：
①资产置换
②发行股份购买资产
③配套募资

交易规模：
①资产注入433亿元
②募资规模80亿元

图5-1　顺丰借壳上市方案

份募集配套资金达 80 亿元。乍一看很大，事实上，其融资额还可以进一步提升。根据监管规则，交易方案中配套募集的资金额可以达到 130 亿元。王卫只要求 80 亿元，这其中既有避免过度稀释股份的需要，又有低调应对当下借壳监管趋严的需要。

最后是剥离电商业务资产。2014 年，顺丰的盈利出现了比较明显的回落，主要是在电商业务方面投入过多所致。按照互联网时代的逻辑，电商是一个非常好的项目，哪怕是亏损的电商业务，只要敢作出未来有高额盈利的承诺，都有助于后期股价的走势。但王卫却采取了“反其道而行之”的策略。

2015 年 11 月，在骨干员工入股之前，王卫与先期进入的 4 家机构投资者，按照与其在顺丰控股相同的股权比例，授让了顺丰 100% 持有的顺丰商贸控股的全部股权。之后，4 家机构投资者以商贸控股为平台，收购了顺丰持有的顺丰电商、顺丰商业100%的股权，将顺丰的电商业务从母体中剥离。对王卫来说，这次剥离主要有三个作用。

其一，体现了王卫踏实做事的风格，坚决不将不盈利的资产注入上市公司。

其二，剥离亏损业务后，顺丰上市业务的盈利情况可以得到进一步改善。以2015年为例，虽然顺丰的营业收入由481亿元下降到473亿元，但净利润却由10.9亿元上升到19.6亿元，改善效果非常显著。

其三，留给资本市场一个期待，控制权依然在王卫手中的"互联网+"业务，随时都可能注入上市公司。

一切准备就绪之后，2017年2月24日，顺丰速运成功借壳鼎泰新材上市。

上市当天，王卫不改低调作风，戴着黑框眼镜，穿着顺丰工装就走入了深交所会场。王卫发言表示，在顺丰变成公众公司后，他将提醒自己言行要符合监管机构规范，"从今天开始，话不能随便说，地方不能随便去"。他还提醒顺丰员工也要更加谨慎，"少说话多做事"。同时，他再三感谢顺丰员工，称公司的成就不是来自他个人，而是来自员工的血汗付出，公司上市后对员工的关爱不变。对于上市，王卫强调了自己坚持发展快递物流行业的决心，称顺丰融资是为了提升服务质量，自己将不忘初心。

上市后，顺丰股价一路暴涨，连续5日开盘即涨停，股价达到73.48元。按照股价，顺丰市值高达2794.70亿元，高居深交所第一。随之，王卫的身价也在飞涨，达1800亿元，成为中国民营快递行业的首富。此时，王卫超过亚洲超人李嘉诚、腾讯大佬马化腾，成为中国第三大富豪，离第二位的马云只差一个涨停，离首富王健林也仅差两个涨停。

顺丰，向“快递航母”奋力前行

近年来，伴随着电商的兴起，中国快递业呈现出井喷式发展的态势。2016年国家邮政局发布的数据显示：中国全年快递业累计完成 312.8 亿件，稳居全球第一，增速保持在 50% 左右。

在增长速度超出预期的情况下，2017 年 2 月 13 日，国家邮政局发布《快递业发展“十三五”规划》，布置了七项任务和九大工程。在七项任务中，积极打造“快递航母”是重中之重。规划提出，到 2020 年，要形成 3~4 家年业务量超百亿件或年业务收入超千亿元的快递企业集团，并培育两个以上具有国际竞争力和良好商誉度的世界知名快递品牌。

虽然发展势头良好，但实事求是地说，与国际巨头相比，我国快递企业在短时间内实现赶超还是有比较大的压力。和欧美成熟市场相比，我国快递企业体量小、规模小、力量弱，面对发达国家市场，往往不知从何入手。其实不仅是我国快递企业，国外巨头要进入发达国家市场也非易事。来自欧洲的敦豪快递为了进入美国市场，曾连续每年投入 10 亿美元打造配送网络，但结果还是无功而返，可见进入欧美发达国家市场的难度。

我国快递企业与国际巨头的差距主要体现在三个方面。首先，体量方面的差距。2016 年，UPS 和联邦快递的年收入都为 500 多亿美元，而顺丰作为民营快递企业的“领头羊”，年收入仅有 70 多亿美元，仅是 UPS、联邦快递的 1/7。相比较而言，顺丰与 UPS 和联邦快递的差距比“三通一达”与顺丰的差距要大得多。在国际巨头面前，顺丰还只是一个“小兄弟”。

表5-1　上市快递公司净利润对比

公司名称	2016年净利润
顺丰控股	41.8亿元
申通快递	12.6亿元
圆通快递	13.72亿元
韵达快递	11.77亿元
中通快递	20.52亿元
UPS（美国）	231.58亿元
联邦快递（美国）	121.39亿元

其次，市场结构和成熟度方面的差距。在业务结构上，UPS 的国际包裹业务、国内包裹业务和供应链业务的比重基本是 3∶3∶3，而目前顺丰的国际包裹业务量和供应链业务体量都不大，主要收入来源是国内包裹业务；在成熟度方面，我国快递市场主体相对分散，同质化竞争严重，受上游电商行业制约，价格压力非常大，一些民营快递过于关注低价竞争，在服务和研发上的投入则相对较少。

最后，基础建设方面的差距。UPS 和联邦快递在全球拥有数百家转运中心。以飞机数量为例，顺丰虽然在航空领域一直加大力度，但从目前看来，顶多算是第二层级的企业。顺丰航空现拥有 58 架飞机，而联邦快递有 647 架，UPS 有 650 架（自有 237 架）。此外，在信息系统和供应链服务、金融、清关方面，也存在不小的差距。

不过也不必悲观。因为 UPS 和联邦快递的高收入大多来自其垄断市场带来的高价格。例如，联邦隔夜快递的平均价格是 19 美元 / 磅（1 磅 =0.9 千克），这个价格放在我国，基本不会有人使用。当然，除了垄断优势，这也与当地人力成本高有关。

过去几十年，以 UPS 和联邦快递为首的国际巨头凭借资本优势在国际和国内基本垄断了市场，但中国商人的力量正在国际上逐渐彰显。相信等到民营物流企业大规模涌向全球市场的时候，国际快递巨头的垄断地位将不复存在，国内快递的价格会比 UPS 和联邦快递更低，但服务却不会逊色多少，这会让巨头们的日子不再那么好过。

将中国快递做大做强，赶超国外巨头，也是王卫的目标。小米公司前副总裁黎万强在《参与感》一书中透露，他曾与王卫交流过做企业的目标，王卫对国内市场上的快递服务都不满意，他的目标一直是赶超国际巨头。这种野心也为顺丰做大做强打下了基础。

总之，在全球第二大经济体和全球最大快递消费国的大背景下，未来中国很有可能会诞生一家市值超过联邦快递的快递企业，而顺丰最有可能胜任。这从顺丰借壳上市后的第一份年报中就可以略窥一二。

年报显示，2016 年度，顺丰控股净利润达 41.8 亿元，超过“两通一达”（申通、中通、韵达）净利润之和，持续经营业务同比增长 112.51%；扣除非经营性损益后净利润达 26.43 亿元，不仅完成了承诺利润（21.85 亿元），而且超额 20.9%。

2016 年，顺丰的研发投入共计 5.6 亿元，旨在通过打造简洁高效的业务流程，提升业务时效、资源效能，降低公司运营成本，提升集中管控能力。负责集团信息系统研发与运维的科技人员达到了 2088 名。近三年，顺丰控股申报和获得的专利达 523 项，软件著作权有 200 多项。

在智能物流方面，顺丰控股自主研发了一套完整的运营管理体系（订单管理系统、分拣支持系统、时效管理系统、指挥调度系统等），实现订单全生命周期可视化管理。同时，顺丰控股也是我国最早提出和布局物流领域无人机应用的公司，2013 年顺丰控股已开始测试无人机送递包裹。截至 2017 年 2 月，顺丰控股申报和获得的无人机领域专利数量达 111 项，包括发明专利 51 项、实用新型 54 项以及外观专利 6 项。

顺丰控股持续在智能硬件设备上加大开发力度，如手持终端、自动分拣设备、智能分拣柜等硬件设备的投入使用，大大减少了手工操作，提升了效率。其中，在自动化设备方面，顺丰控股是我国最早使用自动分拣设备的快递公司，自 2011 年起逐步在各主要中转场投入自动分拣设备，大大提升了分拣效率，目前正结合人工智能、物联网等技术，积极探索和研发智能硬件，进一步提升各环节的运作效率，降低运营成本。

在内部管理上，科技投入也为公司降低成本作出了重要贡献。2014 年，顺丰控股全面启动企业资源计划（ERP）系统变革项目，并通过移动互联网技术大力推广移动办公门户，提高内部管理效率。截至 2016 年，顺丰控股上市范围内合计 311 家公司已全面上线企业管理解决方案——SAP 系统，实现人（人力资源）、财（财务资源）、物（物资管理）集成管理一体化。

快递业务网络的辐射广度和深度决定着快递的时效性，是影响行业内企业开展业务和拓展规模的决定性因素，对快递企业的业务发展和扩张也起到至关重要的作用。截至 2016 年底，顺丰控股业务覆盖全国 331 个地级市、2620 个县区级城市，近 13000 个自营网点。国际业务方面，国际标快 / 国际特惠业务涉及美国、欧盟、俄罗斯、加拿大、日本、韩国、东盟、印度、巴西、墨西哥等 51 个国家和经济体；国际小包业务覆盖全球 200 个国家和地区。国际业务现有客户约 9.3 万个，超百万客户达 120 个。过去三年国际业务保持高速增长，同比增幅达 70% 以上。

顺丰控股在上市前就剥离了商业业务板块，聚焦于速运物流主业。从年报中可以看到，顺丰速运物流业务占比高达 99.4%。观察速运物流业务的构成可以发现，新兴业务开始提速发展，比重也在逐步增加。

冷链业务作为顺丰未来的战略性业务，也是快递企业供给侧升级的关键。

与美国大型连锁企业相比，中国内地冷链运输仍处于初创阶段，生鲜电商、医药配送的扩张明显还受制于冷链的限制。顺丰控股现有的冷链模式，属于自建的“一段式全程冷链”配送方式，投入较大但难以复制，规模化后有望与顺丰现有的高端业务一样，具备差异化服务的优势。

成功上市以后，资本市场对顺丰、对王卫都给予了很高的期待，这也必将助力顺丰进一步扩大核心竞争优势。王卫，这位低调的“快递巨人”，正带领顺丰朝着世界一流快递物流综合服务提供商和智能物流运营商的方向前进，一艘“快递航母”即将起航。

第 6 章

扩张：一波三折，王卫带领顺丰走向未来

盛极而衰，登上事业高峰之后的王卫陷入了发展的低谷。

对于快递行业的激烈竞争，王卫有深刻的认识和体会，并为此做好了充分的准备。面对京东物流和菜鸟网络的挤压以及快递行业风口的消退，顺丰开始了扩张转型之路。尽管这条路并不好走，但王卫带领顺丰挺了过来，走出了低谷。

顺丰不“顺”

顺丰上市，王卫身价暴涨，这是他人生的一个高峰。但在这一片大好形势的后面，却隐藏着未知的风险和困难。也许王卫已经有所察觉，所以才改变初衷，推动顺丰上市，为公司储备充足的“弹药”，准备扩张转型。

顺丰面临的问题主要体现在以下几个方面：

一、快递行业风口的消退

国家邮政局统计的信息显示，全国快递业务量增速大幅回落，2016 年高达 51.3%，而 2017 年则降至 28%，2018 年更是进一步放缓至 22.2%。中金公司的统计数据显示，2007—2018 年，快递行业的毛利率大幅下降，从早期的 30%一路降至 5%。

也就是说，快递行业的风口正在逐渐消失，利润丰厚、增长快速的时代一去不复返。在这种大背景下，作为行业龙头的顺丰承受了很大的压力。2018 年前三个季度，顺丰的净利润同比下滑 16.87%。

二、行业竞争对手的步步紧逼

由于快递行业整体不景气，狼多肉少，因此行业内的竞争日趋白热化。每家快递公司都在绞尽脑汁求发展。2018 年 10 月，刘强东的京东物流正式涉足个人客户的快递业务，寄件价格正好对标顺丰；圆通也推出了新品牌“承诺达特快”，瞄准快递行业的高端市场，也是顺丰的主要市场；12 月，韵达快递推出“168 大件”，定位于 10~68 千克的大件包裹产品，全网覆盖，在细分市场上与顺丰抢食。

阿里旗下的菜鸟网络也是顺丰的主要竞争对手。两家公司曾经因为物流数据共享问题发生争执，互相切断了数据连接。

拥有自己的货运飞机是顺丰的一个优势，空运能保证快递速度，提升客户的消费体验。然而，这一优势随着其他竞争对手的行动而减弱。2018 年 6 月，菜鸟网络与中国航空、圆通速递合作，投资了 120 亿港元，在香港国际机场共同建设一个世界级的物流枢纽；7 月，圆通又单独在嘉兴机场建设全球航空物流枢纽；12 月，京东物流与南通市政府合作，共建航空货运枢纽。这些竞争对手的发力，对顺丰来说是一个非常大的挑战。

三、顺丰天然的弱势

与其他竞争对手相比，顺丰具有天然的弱势，就是没有电商平台的支持。京东物流有京东商城的支撑，2018 年“双 11”期间，京东商城的成交额高达 1598 亿元，所以，京东物流从来就不愁订单。菜鸟网络携手“四通一达”，它们背后主要有淘宝和天猫，还有拼多多。

不过，拼多多似乎不愿再借道菜鸟网络，而是要自建物流系统。拼多多的创始人及 CEO 黄峥曾经表示，公司正在开发“新物流”技术平台，采用轻资产、开放的模式，专注于通过技术为商家和用户提供解决方案。在黄峥看来，只有垂直整合的物流体系才能从根本上改变行业的利益分配模式，从而为生产者和消费者创造更多价值。

从竞争的角度来看，拼多多加入物流行业，无论是顺丰，还是京东物流和菜鸟网络，都会面临更大的压力。

四、顺丰的电商之路并不顺利

王卫很清楚顺丰的软肋在什么地方，所以想方设法去弥补，布局电商和线下实体店。

2010 年，在王卫的推动下，顺丰成立了“顺丰 E 商圈”，甚至开设了自己的支付平台“顺丰宝”，但最终没有成功。

2012 年，王卫建立了“顺丰优选”平台，凭借自身的物流优势，主打生鲜食品，但利润微薄，发展艰难。

2014 年 5 月，顺丰实体店嘿客开始运营，王卫全面抢滩 O2O 领域。王卫的目标是实现“快递收发站 + 社区便利店 + 线下体验店”三位一体的布局，从而形成合力，促使顺丰快速发展。然而，最终的效果不是很理想，在哪个方面都没有形成核心竞争优势，导致发展乏力，许多门店很快关闭了。

2015 年，王卫推出了“顺丰海淘”，后来更名为“丰趣海淘”，主要提供跨境电商业务，但由于假货等一系列问题发展不顺。

2013—2015 年，王卫在电商领域亏损了 16 亿元，并多次更换 CEO，但都没有获得成功。

王卫的电商之路可谓坎坷，他虽然很重视电商，也下了大功夫，但始终没有摸到门道、达到预期。

以上这几方面问题集中在一起，给王卫带来了很大的压力，他必须想办法突破困境，带领顺丰顺利走向未来。

扩张转型，王卫不断“买买买”

经过慎重的思考，王卫作出了决策——放缓电商和零售业务，围绕“本职业务”进行扩张转型，加码快运重货、供应链、冷链物流等方面，稳固老地盘，加固“护城河”。

2018 年初开始，王卫开启了“买买买”模式，不断并购扩张。

2018 年 3 月，顺丰以 17 亿元收购了广东传统零担企业新邦物流 71% 的股份，发力重货快运业务。

一直以来，顺丰的重货业务都不是重点，很多重货业务都是以快递的“填仓货”形式存在。在面临业务高峰、仓位非常紧张时，重货产品就会收缩，为普运业务让步。王卫想改变这种状况，方法就是并购。通过考察，王卫选择了新邦物流。

新邦物流的主要业务为公路运输、航空货运代理、零担物流托运，在全国已有网点 1000 多家，员工 8000 余人，运输车辆超过 2000 辆，物流设备 1000 多套，仓库、分拨场地超过 100 万平方米，日吞吐能力达到 6000 余吨。其网络覆盖全国二级以上城市 248 个、三级以上城市 725 个，覆盖全国 95% 的县级以上城市。

收购新邦物流之后，顺丰补齐了重货快运这一短板，实力更加强劲。

2018 年 4 月，顺丰参与了飞协博（Flexport）1 亿美元的融资，这是王卫加码国际业务的新举措。2019 年 2 月，顺丰第二次参与了飞协博 10 亿美元的新一轮融资。这次领投的公司是日本软银，正是当年投资阿里巴巴的那家公司，董事长是孙正义。

飞协博成立于2013年，是一家位于美国硅谷的国际航运经纪公司，主要专注于国际货运代理行业，服务覆盖海运、空运、卡车、铁路货运、仓储、海关和贸易咨询、融资和保险等，是亚马逊在物流领域的主要竞争对手。

相比于国内物流，国际物流的缺点非常明显——链条长、环节多、监管严格复杂，而飞协博针对这些缺点，重塑国际物流行业的流程，实现门到门运输过程中整个供应链的线上可视化，为更加透明、敏捷、高效、盈利的全球供应链提供支持。

王卫投资飞协博，为顺丰国际业务铺路、布局。借助飞协博，顺丰可以更快地切入美国或者其他国际市场，也能提高顺丰的供应链管理水平。

2018年8月，顺丰先后与美国夏晖集团、招商局和中国铁路总公司进行合作，增加了公司在冷链、海运以及铁路运输方面的业务布局，让公司的根基更加稳固。

2018年10月，王卫又以55亿元的大手笔收购德国邮政敦豪集团（DPDHL）在中国内地、香港和澳门地区的供应链业务。

对于这次收购的目的，顺丰发布公告进行了解释：

DPDHL为全球领先的物流集团公司，在中国内地、香港及澳门地区提供高水平的供应链及合同物流服务。通过本次交易，顺丰控股将整合高质量的供应链物流资产，降低探索学习成本，在短时间内获得重要的战略能力。同时，通过商标许可，新公司将可继续借力DHL品牌及其多年积累的卓越口碑，维持现有客户关系并持续开发新客户资源。在此基础上，双方的战略合作安排将使新公司得到持续的客户介绍及能力支持，结合顺丰控股在国内庞大的物流网络和丰富优质的客户资源，可以实现在供应链业务上的更优发展。

王卫也表示，“与 DPDHL 这家全球领先的公司合作，这个协议将会帮助我们达成我们全球发展的愿景”。

通过上述一系列的投资、并购，王卫希望顺丰在主业方面更加强大，更具有竞争力。其实，从国际快递行业巨头的发展过程来看，作为服务产品的快递不会一直快速增长，总会逐渐走向稳定的成熟期。这时，快递企业就需要通过业态外延的形式来促进增长。重货、整车、国际等业务都具备重资产的特点，且存在运输半径较大、区域经营者较多的问题，投资并购是切入外延业务的最佳方式。王卫正是看中了这一点才会大肆“买买买”。在他看来，这些“买”寄托着顺丰的未来。

快速扩张的“后遗症”

任何扩张转型都会有阵痛，顺丰也是如此。王卫在 2018 年的多次投资并购，使得顺丰负债急剧攀升。

投资并购需要“真金白银”，很难空手套白狼。虽然顺丰通过上市募集了大量资金，但还是无法满足扩张的资金需求。随后，顺丰通过下属全资子公司在境内外发行了 160 亿元人民币的债务融资产品，以缓解资金压力。

据顺丰 2018 年第三季度财报显示，公司的短期借款激增近 20 亿元，从 2017 年末的 46.19 亿元攀升至 66.17 亿元；公司的应付债券为 57.44 亿元，较 2017 年末激增超 50 亿元；顺丰控股负债总额已达 308.74 亿元，资产负债率达到 46.77%，而韵达、申通和圆通的资产负债率分别为 33.96%、19.40%和 31.24%。顺丰成了资产负债率最高的快递公司。这给顺丰造成了一定的负面影响。

一般来说，物流属于资本密集型行业，要想增强竞争实力、获得优势，就必须持续不断地进行资本投入，巩固地盘，培育新的业务增长点。所以，王卫的大量并购是非常正确的选择。但是由此导致的负债率急剧上升被市场放大，人们就会认为顺丰很缺钱，发展出现了问题。

另外，大笔并购使公司的利润受到影响，财务报表并不亮丽。顺丰没有上市以前，这种情况没有什么影响，但上市以后，这种情况就比较糟糕了。广大投资者看到公司的利润大幅降低，必然会心中发慌、抛售股票，导致顺丰的股价大幅下挫。

顺丰的股东也在不断套现离场。2018 年以来，多名顺丰股东发布了减持公告，包括嘉强顺风、元禾顺风、顺达丰润、顺信丰合、刘冀鲁等。

2018 年，顺丰的股价几乎一直在下跌，从最高的 53.23 元 / 股跌到了最低的 31.8 元 / 股，跌幅超过 40%，几近腰斩。顺丰的市值蒸发了 1000 多亿元。

相对于顺丰的不如意，其他快递公司则是意气风发。中通、申通和韵达的 2018 年度净利润同比分别增长 30.1%、37.46% 和 67.34%，发展势头迅猛，其中赴纽交所上市的中通，2018 年营收 176 亿元，虽然还不及顺丰的 20%，但其净利润却高达 42 亿元，与顺丰的差距也在逐渐缩小。

顺丰内部也出现了问题，员工有了怨言。有员工反映："顺丰上市了，股东要业绩、要分红，只能压成本、压缩员工福利，现在的福利与上市前相比差远了。"对于一线员工，王卫一直非常重视，称其为"最可爱的人"，当员工受到委屈的时候，他为其发声撑腰，顺丰上市仪式也有快递小哥参加敲钟仪式。曾经，员工非常尊重和爱戴王卫，然而现在他们却抱怨不断。

面对如此多的问题，王卫的压力可想而知。而且，他的身价也大幅下降。从顺丰 2017 年最高股价 73.48 元 / 股，到 2019 年最低 29.7 元 / 股，王卫的身价缩水了 1100 多亿元。

王卫卸任法人代表，退居幕后

2019 年 3 月 1 日，有消息称“王卫不再担任顺丰速运法定代表人”，接替他的是陈雪颖。

公开资料显示，陈雪颖出生于 1970 年，毕业于厦门大学，工商管理专业硕士，拥有管理师职称。2004—2015 年历任顺丰控股人力资源总经理、总裁办负责人、人力资源本部负责人、厦门区总经理、华南分拨区总经理、深圳区总经理、华南经营本部总裁、综合本部总裁、速运事业群首席人力资源官。

对于王卫的卸任，人们议论纷纷。

随后，顺丰对此事作出了解释：此次变更属于公司年度梳理的正常工作，变更有助于提高其日常经营的效率。而且“顺丰速运有限公司”是上市公司“顺丰控股”的全资子公司，其法定代表人的变更不会对顺丰速运、顺丰控股的正常运营造成影响，“顺丰控股”的法定代表人还是王卫。

其实，王卫的选择也在情理之中。现在的顺丰，规模已经足够庞大，如果创始人还专注于日常事务管理，就很不合适了。王卫最主要的工作应该是为顺丰掌舵，保证大方向正确。在公司发展过程中，方向最重要，如果方向错了，则越努力越糟糕，跑得越快，“死”得越快。所以，作为企业的最高领导，不能被各种琐事牵绊，浪费太多的精力，必须要跳出日常事务，从更高层面和角度来看待问题。

只有公司的大方向和大战略正确，所有的付出和努力才会有意义。

王卫卸任顺丰速运法定代表人，退居幕后，就是要把主要精力放在公司整体运营上，摆脱日常工作的羁绊。其实就是专心干大事，把日常事务完全交给手下去干。

一般来说，作为法定代表人，公司的一些活动需要出席，内部的很多事务都需要签字，这些烦琐的事务会牵扯很大的精力。王卫当然不愿意在这方面花费太多的时间和精力，以免影响更高层的规划和决策。

其实，不只是王卫作出了这样的选择，申通快递总经理陈德军、圆通快递创始人喻渭蛟也作出了同样的选择。

2019 年 4 月 9 日，申通发布公告称，因个人原因，公司总经理陈德军申请辞职。辞职后，陈德军将继续担任公司董事长、董事会战略委员会委员、审计委员会委员职务。陈向阳接任公司总经理。

2019 年 4 月 17 日，圆通在披露 2018 年年报时，也发布了一份公告。公告中明确提出，为集中精力履行董事局主席的相关职责，专注公司战略规划，构建更加高效、完善的法人治理结构，喻会蛟（即喻渭蛟）申请辞去公司总裁职务，辞职后仍担任公司董事局主席、董事局战略委员会主任委员。接任公司总裁职务的人为潘水苗。

从这些快递行业大佬的行动中可以看出，在企业规模发展到一定程度之后，创始人减少对公司具体业务的涉足将成为一个大趋势。

在快递行业经历了价格战、业务大比拼之后，企业之间竞争的焦点发生了变化，不再是人力规模、子公司数量等，而是更高的战略层面。正因为有这样的考量，王卫、陈德军、喻渭蛟才会脱离日常管理事务，退居幕后。他们的工作重点将是寻求最适合的战略合作伙伴，瞄准消费者的真正需求，从更高层次上整合各种资源，为推动整艘“航母”高速前行提供强大的动力。

顺丰走出低谷，重新快速发展

经历了 2018 年的低谷之后，顺丰一改颓势，进入了发展的快车道。这是王卫辛苦布局、经历阵痛之后的收获。

2019 年前三个季度，顺丰的营收达到了 787.70 亿元，同比增长 20.37%；净利润 43.11 亿元，同比增长 44.77%；经营活动现金流净额为 76.47 亿元，同比增长 66.58%；基本每股收益为 0.98 元，同比增长 44.12%。这是一份非常亮丽的业绩。可以说，顺丰实现了“V”形大反转，一扫前期业绩胶着、增速放缓的疲态。

顺丰业绩大幅反转的原因主要有以下几个方面：

1. 行业整体业务量增加，成本下降

虽然中国快递行业爆炸式增长的时期已经过去，但快递行业仍然处于快速增长阶段。国家邮政总局公布的数据显示，2019 年 1—9 月，全国快递服务企业业务量累计完成 439.1 亿件，同比增长 26.4%；业务收入累计完成 5271 亿元，同比增长 24.1%。作为国内快递行业的龙头企业，顺丰在良好的形势下获得快速发展也在情理之中。

快递市场业务量的大幅增长带来了规模效应，降低了成本，增加了企业的盈利。

2019 年 5 月起，顺丰业务量增速连续 5 个月提升，7 月重回 20%，8 月突破30%，9月增速同比达35.52%，创出了2018年5月以来的最快增速。由此而来的是顺丰业绩的提升。2019年顺丰半年报数据显示，公司上半年毛利率达到19.82%，较2018年全年增长1.9%；而第二季度公司毛利率创出近8个季度的新高，达到了21.50%。

在这样的趋势下，资产规模的壁垒效应也逐渐显现出来。

截至2019年9月底，顺丰的总资产达到了836.10亿元，较2018年末增长16.51%；顺丰的净资产达到397.27亿元，较2018年末增长8.22%。物流行业属于资本密集型行业，规模效应是快递企业充分发挥现有产能、有效降低运营成本的重要路径。顺丰的规模效应逐渐显现出来，成为其强大的竞争优势。

2. 扩张转型初见成效，新业务占比提升

为了拓展新的业务，王卫费尽心力，终于初见成效。以前，顺丰就是一家快递公司，而现在快递业务只占到其业务总量的70%，其他业务还包括快运、冷运、同城和供应链等。

例如，供应链市场就大有可为。随着工业转型以及产业集成度的提升，制造业及实体经济与快递企业的融合度将越来越强，这些都需要高效的供应链体系来支撑。这就给供应链市场带来了巨大的机会。顺丰深度介入供应链市场，未来发展空间不可限量。 数据显示，2019年8月，顺丰的供应链业务规模达到了4.95亿元，同比增加468.97%，环比增加7.84%。

同城业务也是顺丰增长非常快的业务。2019年上半年，顺丰同城业务营收增幅高达129.13%。而在过去的3年，顺丰同城急送年复合增长率超过100%。顺丰同城公司首席执行官孙海金透露，目前其日均业务量超过100万单，快递员超过30万名，覆盖城市超过200个。王卫对顺丰同城业务非常重视，并把“顺丰同城急送”拆分出来，作为独立的品牌发展。

3. 研发投入巨大，效果显现

作为物流行业的龙头，顺丰在研发方面的投入力度非常大。科技创新是企业发展的命脉，是高质量服务的保证。没有高科技的支撑，企业往往很难在未来获得成功。王卫曾经表示，“科技是我们的信仰”，“顺丰主要的竞争对手是谷歌这样的科技企业”。

2017 年，顺丰的研发人员为 2800 人，比 2016 年的 2088 人增长 34.10%；研发投入金额为 11.67 亿元，比 2016 年的 5.6 亿元增长 108.18%。顺丰的研发主要集中在物流无人机、智慧设备、智慧服务、智慧决策、车联网等领域。

2018 年，顺丰在科技方面的投入高达 27.23 亿元，其中研发投入 21.56 亿元。研发人员 5754 人，同比增长超过 100%。研发重点投入方向为大数据、人工智能、精准地图服务平台、无人化及自动化操作、智能硬件等。

近 5 年来，顺丰累计申请专利 361 项，成功发布 358 项，这在国内快递行业内处于绝对的领先位置。

顺丰在研发方面加大投入，其目的主要有三：业务环节的降本增效；用科技的能力拓展新的业务；匹配战略目标，建立关键战略能力。

研发投入促进技术进步，技术进步带来效率提升。在 2019 MWC 世界移动通信大会上，顺丰为客户展示了其在移动通信领域的解决方案，让世界认识到了一家独特的物流企业。可以说，顺丰能够在客户中保持良好的口碑，坐稳“快递一哥”的位置，与其巨大的研发投入密不可分。

PART 2

低调的王者——王卫的成功之道

王卫，一个低调而神秘的企业家，一个一举一动都会引发同行关注、让人心存敬畏的强大对手，一个在员工眼里始终如一地坚持和专注的领导者，一个能让奋斗中的年轻人不断汲取正能量的成功榜样。王卫的过去、现在与未来，似乎都和外界隔着一层纸。他就如同金庸笔下的扫地僧，看似貌不惊人，却身怀绝技，在有招与无招之间，将顺丰打造成为一个不可撼动的物流帝国。如今，他仍在谱写着传奇。

第7章

统御：管理，既有外功，又有心法

只练外功而不练心法的人，往往很容易“走火入魔”。

成功的企业家都有一套适合自己的独特的管理哲学，他们对待员工犹如亲人，以人性的关怀让员工感受到工作的价值和企业给予的温暖。在王卫看来，企业的发展本质上是一种修行，对手永远都是自己。

员工怎么管？给他尊重，给他收入，给他位置

网络上有很多热心网友收集的王卫经典语录，其中一条是“员工要尊重，给他尊重；要收入，给他收入。当他月收入上万元，他会要你两千元的手机吗？如果有真人拿两千元的手机，我会不计代价地去查。人性都是趋利避害的，弄清这点，即便是40万人，也没什么难管的”。

王卫会说这样的话，源于2009年的一则网络热门新闻，具体情形如下：有一个办公室的白领在朋友圈爆料，说有一位顺丰快递小哥对她发飙了。她怀疑顺丰快递小哥偷了她快件里的东西，结果快递小哥的反击语惊四座。这位快递小哥说：“我一个月工资1.5万元，会为了你2000元的礼品丢这个饭碗吗？”听了这气势惊人的话语，整个办公室里顿时一片寂静。

王卫的那段话正是对这则新闻的回应，充分体现了顺丰对员工的尊重。

事实上，顺丰对员工的尊重不仅是在收入上，而且是全方位的。

顺丰员工的平均年龄为30岁，新生代员工占员工总数的70%，这些年轻人是顺丰最大的财富。他们中的大多数人在一线工作，虽然从事的只是基础性工作，但必须每天面对不同的环境，与不同的人打交道，无论是收派员、仓管

员还是客服人员，都在工作中承担着责任和压力。并且，快递行业的一线岗位工作内容相似度非常高，导致一线员工心中普遍对自身岗位的荣誉感不强、定位较低。这些都是他们“流动”的原因。那么，怎样能让一线员工从看似重复的工作中找到乐趣和意义？怎样能让他们对企业产生归属感？怎样能让他们感受到自身被认可、被重视，从而增强自信？王卫认为，首先要做到的就是“尊重”二字。

“尊重、团结、认真、奉献”是顺丰集团的核心价值观。其中，“尊重”是被重点强调的首要内容。王卫正是基于“尊重”的理念制定了福利平台特色化、员工晋升通道多元化等极具特色的管理制度，并且尽最大可能满足每一位员工的诉求，使这种制度得以不断完善。顺丰速运集团副总裁陈启明曾经专门撰文论述顺丰是如何结合员工特点进行人力资源管理，并充分体现“尊重”文化的，具体如下。

“医食住教”的关爱

顺丰集团新生代员工人数庞大。从总体上来说，“80后”“90后”生活技能普遍不高，而许多人即将面临或正处于“成家立业”这一人生阶段，并且每一片区都有为数不少的非本地人口，因此，解决自身和家庭的生活问题是许多年轻人面对的困境。在充分了解员工的现实诉求之后，企业便加大福利政策方面的力度，凭借企业的力量全面解决员工尤其是新生代员工在“医食住教”方面的后顾之忧。医疗、食品、住房、教育是全社会关注的民生热点，企业是社会的缩影，亦是员工进行社会活动的主要场所，因此，企业应该成为保障员工生活的重要后盾。通过与政府、学校、医院等机构的合作，顺丰的“医食住教”全面展开。

医：在与顺丰合作的医院中，员工能通过“绿色通道”获取更多的医疗资源，更快地进入看病程序。

食：顺丰设立了“员工之家”弹性福利平台。这一平台针对新生代员工喜欢自主选择、自主安排的特点，改变了以往福利统一发放的形式，让员工自行选择福利内容，有机会实现“我的福利我做主”。

住：新入职员工薪水相对不高，无力应对城市的高房价、高房租。顺丰集团积极与政府沟通，为员工谋得更多的住房支持（如廉租房），让员工在城市中能有较好的安身之地。

教：顺丰总部与深圳福田区政府、教育局合作教育基金项目。一方面，为社会教育贡献顺丰的资源和力量；另一方面，希望通过支持深圳教育改革招募到更多优秀的外聘人才。

活动多样，让员工参与管理

新生代员工生长于信息爆炸时代，获取信息的渠道多，发表观点、抒发见解是他们的习惯。在企业管理中，提高他们的参与度、让他们充分“发声”，是尊重员工的一种良好方式。顺丰集团内部设立了三个投诉渠道：顺丰 BBS、总裁邮件、致电审计监察部。这些投诉渠道不仅能起到规范员工、管理者行为的作用，更能让企业高层获知基层员工对企业管理者的期待，从而能帮助管理者更好地实践“尊重”文化，完善企业管理。对于顺丰来说，“一线新生代员工”已在数量上成为企业的员工主体，他们对管理的期许，是企业未来管理趋势的主要参考指标。除了投诉渠道，顺丰集团还推动各种项目，吸引员工积极参与，让企业管理中出现更多的“员工之声”。

一线管理者的“三六九”：这是针对一线管理者的行为规范监督项目。“三六九”是对一线管理者的行为要求，是企业人力资源部与员工共同制定的。“三六九”行为准则贴在每个分点部的工作区域内，让一线员工实时监督、及时监督，让一线管理者更好、更规范地实施自己的管理。

微创新：依托顺丰 BBS 平台开展，以“改变周围一点点”为主题，希望员工都能为“改变企业”大胆提出自己的创意。每名顺丰员工都能根据自身对企业运行、企业环境、企业管理等方面的观察，提出改善方案，甚至全新的项目。企业定期对员工提出的方案进行评选，对确实能帮助到企业的优秀方案，对提出者给予奖励，并由人力资源部推动此方案实施。例如，某员工提出“与高管午餐”项目，希望通过定期组织员工与高管进行午餐，让高管认识更多的基层员工，倾听员工的心声，员工亦能有一个更透明、更直接的平台诉说自己的想法。“与高管午餐”项目通过评选，获评当年优秀提案，被企业采纳、实施。不同形式的活动有很多，其宗旨是推动新生代员工主动参与企业管理。这不仅表达了企业对员工的尊重，企业更希望能通过这些活动强化员工参与管理的意识，因为顺丰相信，在不久的将来，这些“新生代”一定会成为企业真正的管理者，提前建立管理意识、实践管理活动，体现了企业对他们的信心和期待。

成长通道助力员工实现梦想

在顺丰集团，大部分高管都是内部竞聘上任的。一线员工成长为点部主管的占90%以上，成为分部经理的达到90%，成为高级经理的有70%左右，成为总监的占60%~70%，甚至还有达到更高层级的。

顺丰强调内部人才培养，并为此设置了配套机制，为人才发展保驾护航。在每一个管理层级（从点部主管到总监），企业都设立了储备干部培训课程，每一位员工都可以报名参与。相应地，每一个管理者在被任用之前都要接受培训，通过培训之后，再进入内部竞聘阶段，符合要求的都可以被任用、提拔。

顺丰鼓励有能力的员工积极挑战自我，迈向更高职级，尤其是年轻员工。顺丰为他们提供了自我发展的舞台——“快速成长计划”。只要绩效和个人能力达到企业要求，员工便能进入“快速通道”，企业会给予他们更好的管理实践机会，如担任副总裁、总经理秘书职位，通过与高管共同工作，提高他们的能力提升速度，比其他员工更早地适应团队领导的角色、更早地成为团队管理者。

对于一些非常优秀但目前无相关层级管理经验的员工，顺丰采取“代理”的方式对他们进行培养。例如，某员工符合主管的级别要求，但目前并无管理经验，企业将给予他“代理主管”的职级，所得到的待遇与主管级别人士相同。在此期间，他可以先进行主管角色的实践，半年之后企业将对此员工进行评估，评估合格即转正为主管。

以上人才发展措施都是顺丰针对内部员工而专门设立的。同时，企业还创建了“顺丰大学”来保障员工全面的能力发展。每一位加入顺丰的员工，企业都重视他们的梦想，即使梦想无法在短期内实现，顺丰也希望借助自己的平台，让他们找到努力的方向，帮助他们永远不丢失梦想，拥有为梦想奋斗的信心。特别是新生代一线人员，尽管职位起点低，但是只要勤奋、努力、正直，相信他们一定会在顺丰拥有比别人更大的上升空间。

作为拥有新生代一线员工最多的企业之一，顺丰的“新生代员工管理办法”体现了顺丰员工管理制度的实质，而不仅仅是其组成部分。在新生代员工进入企业后的职业生涯中，为他们提供更专业、更完善、更适合他们发展的人力资源平台，是顺丰人力资源部的职责，更是王卫竭尽全力达成的目标。唯有如此，顺丰对员工的“尊重”才能真正落到实处，才能真正管理好几十万名员工。

王卫的心法四诀：爱心、舍心、狠心、恒心

有人问王卫，你是如何管理几十万人的公司的？王卫说，没有特别之处，只是将管理回归到人性的本质上来。怎样回归呢？除了那些流程化、制度化却十分必要的“外功”，王卫还有着自己的独特“心法”。为什么要有心法？王卫用武侠小说里常见的情节作了诠释——只练外功而不练心法的人，往往很容易“走火入魔”。在顺丰，王卫用四道心法管理员工：

第一道心法：爱心，对员工有同理心

王卫强调，爱心的前提是同理心。以家人一般的感情关心、关爱身边的员工和同事，这特别重要。作为领导者，一旦有了同理心，就会设身处地为员工着想：他们辛不辛苦、工资够不够、是否需要加薪和福利、是否需要晋升，并把自己对员工的客观了解在沟通、交流中传达给员工。王卫在这方面一直做得很好，最突出的表现就是他经常会“微服私访”——到一线体验员工的工作与生活。他说：“业务体验的意义不仅仅是让管理层不脱离业务，时刻保持对基层情况的掌握和敏锐度，在精神层面上，业务体验也很重要。它让公司的每一名员工都知道：管理层不是高高在上、永远坐办公室的，也要走到前线。不管是总监还是总经理，哪怕是总裁，都要做业务——这对于增强公司的凝聚力有很大的作用。业务体验没有‘备胎’，要长期坚持下去。就我个人来讲，每次去体验都会带来不同的震撼。这种震撼也有很多让人沉重的地方。”

某天早晨 8 点，王卫准时出现在北京三元桥点部的运件车边，像个新来的快递员一样收货、发件，并没有人认出他。还有一次，在一个寒冷的冬天，顺丰人力资源部给下属一个区派去了一名实习物料管理员。这名实习生一上岗，就和其他快递员一起去仓库了解了快递背包以及顺丰巴枪等物料情况，之后便外出收发快件。谁也没有想到，这名实习生是他们的老板王卫。

王卫下一线，并不是想偷听员工对自己和公司有什么不满，也不是想去监督员工好好工作，只是想时刻提醒自己要多站在员工的立场上，为他们谋福利。

王卫说："我们很多管理层人员都说要研究市场，我经常跟他们说，不要研究这个，你应该研究的是如何帮助一线、二线员工做好收派工作，了解他们在自己的岗位上有什么需求和困难。他们都处在市场竞争的最前沿，对于市场最有发言权。如果你把一线、二线的问题都解决了，客户的问题也就迎刃而解，发展的问题也就解决了大半。"

第二道心法：舍心，与员工慷慨分享

许多老板或许会想："凭什么要分享呢？员工又不是我的孩子，为什么要和他们分享？"王卫自问，人们对自己的孩子可以"舍得"，对员工为什么就不能"舍得"呢？假如领导者对员工的爱心是虚伪的，即使面对很多给予、慰劳员工的机会，他们也不会珍惜。王卫认为，领导者只有具备了真正的爱心，才会有对员工的舍心。

说到企业对员工的最大舍心，首先就应该是福利待遇，尤其是工资。对此，王卫是出了名的大方。2011 年，在接受《广州日报》的采访时，王卫就亲口证实顺丰快递员月薪过万属实。他是这样说的："我们以商业客户为主，每天来自网购的业务只有几千单，而顺丰每天的业务量是 200 多万单。今年春节前，顺丰快递员月收入 1.5 万元的帖子在网上引起热议。这是事实，我们个别快递员的收入确实有这么高，多劳多得是我们对一线快递员的一贯原则。"王卫的确是不吝分享的，顺丰借壳上市后发出超 10 亿元的现金红包，也是一个活生生的例证。正所谓“舍得舍得，有舍才有得”，王卫深谙其中的道理。将财富与员工分享，而不是塞入自己的钱包，员工又怎能不对顺丰回报以忠诚之心呢？

第三道心法：狠心，出于爱与舍对员工严格要求

王卫认为，管理员工并非只是会慷慨分享这么简单。就好比父母对于子女的期待，管理者也要让员工经受历练，这一过程可能尤为辛苦。但这种狠心并非出于功利的目的，而是爱心与舍心的结果。

众所周知，在快递行业，缺乏职业道德的行为时有发生。例如，有些没有保价的贵重物品（如手机），会被某些快递员“顺手”拿走。为了避免这种情况，王卫明确表示，不要说 2000 元的手机，就是只值 500 元的手机，只要发生这种问题，都会不计代价地追查到底，严惩不贷。

管理是一种严肃的爱。王卫认为，如果你真的爱你的员工，就考核他、要求他，逼迫他成长；如果你碍于情面，低目标、低要求，那就不仅是对企业的伤害，也是对员工前途最大的伤害！因为这样只会助长他们的贪婪、无知和懒惰。

第四道心法：恒心，长期坚持这样做下去

在王卫看来，只有坚持修炼这些心法，一层层真正落实，才有机会将管理做好。这四道心法环环相扣，缺一不可，就如同游戏练级一般，只有将前面的心法练好，方能完成后面的程序。

王卫说：“恒心作为最后的心法，保证了整个过程的连贯性，只有这样才会成功。”

王卫无疑是一个有恒心的人，他在经历了顺丰 E 商圈、嘿客、顺丰优选等电商试水的挫折后，依然不放弃做电商，就说明了他有多么坚持。在王卫的带头作用下，顺丰员工也被培养出了一种恒心，即无论面对什么困难，都能坚持下去。最简单的例子就是，顺丰快递员无论遇到什么困难，都会想方设法坚持把快件准时送到客户手里。由此可见，王卫的心法四诀，已经深深地渗透到了顺丰的企业文化中。

授之以鱼，也授之以渔

2003年，一个刚刚大学毕业的东北小伙子来到北京，他的理想是成为既懂管理又有专业技术的职业经理人。不过，求职没有想象中那么顺利，多次应聘失败后，他尝试进入顺丰工作。他应聘的职位是IT工程师，不过按照规定，新人进入顺丰要先去基层网点当3个月快递员，熟悉一线的工作。

这个小伙子是顺丰在北京招聘的第一个具有大学学历的员工，他在一个网点干了好几个月，第一个月的工资只有700元。他没钱租房子，就在网点的办公室搭个地铺睡觉。两个月后，他的工资就涨到了3000元。这个网点的办公室里有一台传真机，经常会传出来一些写满字的纸张。他顺手拿起来一看，原来是一个叫王卫的人写的。文章风格朴素，大多都是关于公司战略规划、日常管理制度的专业文章。很快就有同事告诉他，这个人就是顺丰老板。

“本来打算干两个月就走人的，可是看了这些文章，我打算在顺丰待下来。我觉得老板是个干大事的人。”做了不到半年的快递员后，这个小伙子就被升为分部主管。几年以后，他成为顺丰北京地区运营部的总经理，掌管着整个北京地区顺丰的运营工作。

员工为什么甘心长期留在一家企业里？因为他对企业有信心，也能在这里看到自己的美好未来，看到这家企业有自己施展才能的舞台。在顺丰，一线快递员主要是靠拼搏态度和服务水平获得发展，只要有梦想、有能力，每一位快递员都有可能坐上管理者的位置。这绝对不是在画大饼，在谈到管理者的成长问题时，王卫就说：“不是每个人都有天生的管理才华和能力，而且企业也在不停地变化和成长，所以，顺丰会等待员工慢慢地成长起来。同时，企业要帮助员工成长，以能力范围内最快的速度成长。”

王卫在管理上有着一整套的现代化工具，例如，如何为一、二线的员工提供晋升渠道，如何为包括高层在内的员工计分，如何让管理者更加熟练，等等。针对不同的岗位需求，王卫设置了相应的课程和认证。员工只要符合升职标准，就可以到这个系统中学习相应的课程，学会后参加考核，通过后就能得到相应的资格认证。

同时，王卫还经常在会议上教管理人员怎样使自己的管理知识发挥出更大的价值。

王卫认为，对于员工，既要授之以鱼，也要授之以渔，也就是说，既要有很好的福利、薪金，也要教会员工如何去争取更大的成功。因此，他经常谆谆教导，毫无私心地向顺丰员工讲述自己在成功路上的心得体会：

“积极的态度 + 正确的思维 = 成功”。我常常对人说，成功离不开两样东西，一是运气，二是态度。运气非常好，但是没有正确的态度，就好像中了彩票以后挥霍无度，很快就把钱花光了，又被打回原形。而好运气加好态度，就好像中了彩票之后，积极地拿这些钱做好事，并作一些科学理性的投资，创造价值，这样才能够长远发展。

短期的成功是以运气为主、态度为辅的，但长期的成功肯定是以态度为主、运气为辅的，因为最终态度可以左右运气。坚持、执着、懂得分享、与人为善，就会朋友满天下；有了朋友的支持和帮助，运气就不会太差。相反，如果你做事态度消极，没热情、没毅力，不懂得与人相处，肯定会处处碰壁，想有好运也难。好的态度是长期成功的决定性因素之一。

在我看来，这个世界上有很多东西都无法控制。你控制不了自己在什么地方出生、什么时候离开人世，你控制不了自己是男是女、父母双亲是谁，你控制不了自己的长相如何、家里有没有钱……你唯一能控制的就是你的态度，对人对事的态度，对待人生的态度，而这种态度是积极的还是消极的，就决定了你未来的发展。

不管是坏事还是好事，你都要学会以积极的态度去面对。面对不好的事情，如果你很消极，接下来事情也许会变得很糟，但如果你以积极的态度去面对，这个坏事可能会慢慢变成好事。因为任何事情都有正、反两面，很多时候我们都只看到了它不好的一面，但它的另一面可能是相当好的。还有一些事情，表面上看起来很好，但背后隐藏着很多负面的东西。我想说的是，积极的处事态度就是，碰到好的事情你要看到它背后负面的东西，把坏的因素降到最低，进而变成好的东西。

现在很多年轻人工作的态度是，你给我多少钱我就干多少事。我认为这种态度会让你的职场道路越走越窄。要想得到，必须先付出。不管你给我多少钱，我都要把自己的工作做到最好，这是我一贯的职业态度。刚刚踏入社会时我也给别人打过工，也投诉过当时的老板，觉得他给我的薪水太少，但是我投诉归投诉，有一个原则我始终坚持，那就是我在岗一天，就交足100分，竭尽所能地把工作做好。投诉老板并不影响我做好工作，因为我做好工作，除了是为公司创造价值，也是在增加自己的人生经验值，所以当时每个老板都很喜欢我，说王卫做事很专业、有责任心，各种工作都可以放心交给我。这样一来，我的机会自然就越来越多。如果一个人总喜欢锱铢必较，生怕吃亏，机会肯定会越来越少。

正所谓“英雄所见略同”，英国管理大师阿德里安·卡德伯里也认为：“真正的领导者鼓励下属发挥他们的才能，并且不断进步。失败的管理者不给下属以自己决策的权力，奴役别人，不让别人有出头的机会。这个差别很简单：好的领导者让人成长，坏的领导者阻碍他们的成长；好的领导者服务他们的下属，坏的领导者则奴役他们的下属。”所以说，想要使公司保持高速发展，在管理上促进员工不断进步绝对是条捷径。

员工要争做有修炼的“出头鸟”

《增广贤文》中说：“枪打出头鸟，刀砍地头蛇。风吹鸡蛋壳，财去人安乐。”古人认为保持低调才能安身立命，“出头”意味着更大的风险。这句话自然有着深刻的哲理。但是，以目前社会发展的形势和需要，多一些“出头鸟”未必不是件好事。例如，比尔·盖茨如果没有坚定自己的信念，而是因为别人的冷嘲热讽就放弃自己的梦想，他又怎么能成为 IT 行业的领跑者？像马云这样的人，从传统意义上看是典型的“出头鸟”，喜欢出风头，功成名就后也经常有新闻，可随之而来的却是阿里巴巴的越发壮大！枪一定能打到“出头鸟”吗？不是的。只要你的速度足够快、准备足够充分，那么在前面领跑的就是你。所以说，对于“出头鸟”而言，机遇和风险是并存的。当然，“出头鸟”应该确实有过人之处又敢为天下先，对社会、团体和他人有积极意义，而不是徒有虚名、谋取私利。

王卫一直以来都是一个十分低调的人，但在员工管理上，他却认为，在竞争激烈的现代商业社会，每一名员工都应该争做有修炼的“出头鸟”，并以此为题，进行过一次内部发言。该发言流出后，被众多业内人士点赞，也成为大众学习的典范。以下为王卫的《员工要争做有修炼的“出头鸟”》讲话全文：

曾经有人问我，现阶段顺丰面临的最大问题和最需要的分别是什么？在我看来，最大的问题是人才缺乏；而最需要的，则是精细化管理。

最近两年公司的发展速度太快了，增加了很多新业务，产生了很多新岗位，而要用有限的资源去满足无限的需求，在人力资源层面总感觉有点捉襟见肘，而且这种情况在短期内恐怕也很难改观。另外，顺丰之前一直是做标准快递的，现在开始谋求多元化发展，相当于在原来的基础上又伸出一条腿往前迈了一大步，在这个过程中会不会影响原来那条腿站立的稳定性，对于我们来说也是一个考验。

这个考验除了人才，还包括管理机制、企业文化、信息系统等方方面面。近年来，有很多电商快递企业在积极创新、谋求跨界，其实也都会面临同样的风险和问题。我相信在这方面，很多企业负责人的感受和我是一样的。

精细化管理突破发展“天花板”

顺丰之前的高速发展主要是靠一整套机制（包括收派员的计提考核等）来推动的。坦白说，这套机制比较粗放，在前期市场大发展时是比较有效的，但是走到现在，这套机制已经遇到了“天花板”。要如何突破这层“天花板”，我认为要靠精细化的管理。这个精细化的管理，包括我们的制度流程、管理者的思维模式、管理的方式方法以及信息系统等，都需要再上一个新的台阶。

今年，公司的用工规模将突破 30 万人。在我看来，30 万是一个瓶颈，超过这个数字，人员管理的难度将超出我们的想象，对于公司各个管理层来说都是一个很大的挑战，必须慎重对待。

现在我们在公司内部积极推动一些新的管理模式、调整组织架构、提升管理方法论、优化更新信息系统，以期更贴近新一代的互联网思维。比如，我现在已经慢慢习惯用手机来办公，每天在上面审批很多方案流程。当然，这个只是针对具体问题的操作手段。我们真正要推广开来的是从管理当中去发现问题，把员工在日常工作中所面临的所有问题都提炼出来，纳入一个闭环管理系统，通过相应的沟通机制和平台适时解决。这方面的工作现在刚刚起步，还有很多机制需要建立，同时也还有很多流程需要优化。我希望最终达到的效果是能够真正降低员工流失率，能够让员工充分感受到公司对他的关怀，同时整个团队的氛围也越来越好。

当然，我并不是说我们现在的员工流失率有多么大的上升，但是也没有呈现出下降的趋势，或者说下降得不够明显。我认为真正好的企业应该对员工有很大的吸引力，人员流失率是呈逐年下降趋势的。接下来我希望我们顺丰能够做到以下两点：第一，进来的员工能够留得住；第二，留下来的员工不后悔自己的选择，工作中没有怨言。

磨合发展，相融共生

近年来，由于公司的发展需要，我们也从外部引入了不少优秀的人才。

但是，任何一家成熟的有历史的企业，都会面临一个人员磨合的问题，那就是后进来的人，怎么把外面先进的管理理念、工作方式或者是好的技术有机地融入公司，并且和公司原班人马配合默契。包括一些发展得很好、引领行业的企业，也或多或少地会存在这方面的困惑。比如，目前国内的一些互联网公司，都有一套属于自己的独特的企业文化，这套文化可能也为其公司的发展立下了汗马功劳，但是对于后来“空降”过来的人员来说，要完全适应这套文化，就需要一个磨合的过程，可能中途磨合得不好，就自己走掉了。

我认为这是在考验整个公司的文化、机制，还包括公司管理层对引入新人员、新技术的信心和决心到底有多大。当然，与此同时也是在考验整个团队的素质到底怎么样。如果你的企业没有准备好相应的机制、文化，同时引入人才的决心也不是很坚决的话，那还不如不引进。因为就算引进来了，其结果也只会适得其反，新的东西吸收不了，新旧之间还会产生矛盾，难以融合。更可怕的是，会让外面的人对你的公司产生负面评价，最终让优秀的人才对你敬而远之。

还有，就是在引进外部人才的过程中，可以考虑单独孵化一些岗位环境，让这些人先去那里慢慢调整，逐步融合。这个新环境最好不完全在主体内也不完全在主体外。在这里，他既可以慢慢适应公司的大环境，又能赋予其一定的自主权，让他发挥带来的新东西，真正做到内外兼顾，相融共生。

我相信任何一个人进入一家新的企业，他之前肯定是做好了各种权衡和心理准备，才最终下定决心的。如果后来那个人没有真正融合进来，不排除有他自己的原因，但主要责任肯定还是在于企业。

挑战是一种“修炼”

从今年开始，我有一个很大的变化，就是无论是对于工作上遇到的一些困难，还是别人对我的一些挑战，我都把它们当成是修炼。给我带来挑战的人我会送他一个称号——教练。为什么我会这么看得开呢？因为我觉得这样做了之后，整个人感到很轻松，也有很多提升，因此，我很乐于接受“教练”们带给我的鞭策。

现在在都市生活的人，出门开车很容易遇到擦碰，如果你火气盛，就会下车和对方理论，几句不和就可能会吵起来，接下来吵红了脸就可能会大打出手……但是如果你转换一种思维方式，你把这个人当成是来考验你的——考验你的耐心和修炼是不是达到了一定的水平、境界，就好像我们的“神秘客户”测试，你就不会生气了。当你心平气和地处理完整件事后，你可以很高兴地对自己说：“嘿，我今天又过了一关，修为更精进了！”

其实在工作上我们也应该秉持这种态度。上班遇到的压力、竞争对手带来的挑战，我们都可以把它们当成修炼。这样你在工作中就不会感到有太大的压力，也不会感到很苦恼，而是用非常积极的心态争取尽快过了这些关卡。这样，你既是在工作也是在修炼，而且整个人会觉得很开心。

不管是在工作还是在生活中，遇到挑战、不顺，很多人都会觉得别人是专门冲着自己来的。其实，越是冲着你来的人，越是能给你的人生成长带来助益。很多人说要感谢曾经帮助过自己的朋友，但是在我看来，我们更应该感谢那些挑战、打击、坑害过自己的“敌人”。因为朋友不会推你下火坑，一般推你下火坑的都是“敌人”，也就是“教练”。

如果你在火坑里带着怨气就这样呜呼哀哉了，那最后真正害了你的人不是别人，恰恰是你自己；但是，如果你在火坑里面熬得住，同时能够振奋自己，努力爬出来，那你就不会变成“烤鸡”，而是成为“凤凰”。到最后成功的那一天，你还要不要生那个人的气？我觉得你应该感谢他。感谢完他之后你会发现，原来所有来“对付”你的人，其实都是能够帮助你提升自我的人。

人生，就是一场修炼。在短短几十年里你就是要修炼这个，不把这个修炼好，你每天都会埋怨别人，沉浸在自己的烦恼当中解脱不出来。而把这个修炼通透了，你就能做到百毒不侵、百折不挠，同时也能够从内心解脱自己，获得真正的自在和快乐。

在顺丰要争做“出头鸟”

其实前一段时间我也很苦恼，感觉这个社会太有挑战性，发展节奏太快，担心自己和顺丰跟不上，因此有很大的压力和很强的危机感。但是，如果我们反过来想一下，那不是又有机会让自己去锻炼、提升了吗？这个锻炼不只是思维、能力层面的，还可以让你从内心深处修炼到更高层次。但是，如果你害怕挑战、改变，不懂得修炼自己，只知道抱残守缺，固守在自己原来的一亩三分地上，被淘汰恐怕也是迟早的事。

其实对于我们每个人来说，不管别人对你有什么样的要求，最终还是得过自己这一关。人家要求什么你就给什么，那你究竟是在为自己生活还是为别人生活呢？顺丰走到今天已经21年了，我一路都认为自己要过自己的关，而不是要跟谁去做交代。当然，我要跟所有员工做交代，这是另外一个层面的问题。就拿我们的日常工作来说，你说我们的工作要做到什么程度才算OK？人家要求60分，你做事就绝不超过61分？这个态度是不行的，你要自己对自己有交代，不管人家有没有要求，你交出来的东西起码要有80分。这才是我们做人做事应该具备的态度和素养。

顺丰现在有一个很有吸引力的地方，那就是近年来爆发式的发展给员工提供了很多机会。但是机会摆在那里，是不是都能把握得住，我就要打一个问号了。我想对广大员工说的是，你不要总是问公司想要你做什么，你能不能看到一些特别的东西，自己主动去做或者建议公司去做？

公司的同事，从大的方面可以分为两种：一种是没有收到指令的时候就只会坐在那里耗时间等待,还有一种是即便没有收到指令他也会自己去寻找机会。有些同事会主动去做一些看似不属于他职责范围内的工作，结果给自己带来了新的机会，让他在公司的发展更上一层楼。这样的案例我见过不少。这种习惯于“没事找事做”的人，你说他是吃了亏还是占了便宜？那些习惯于等待别人给出指引才行动的人，倒是乐得轻松，但最终是吃了亏还是占了便宜呢？

我想说的是，机会是自己争取来的，而且永远只会给有准备的人。一直以来，在顺丰不存在“枪打出头鸟”的情况，从来没有人因为创新出错，或者是在某一个领域敢于冒出头，而受到惩处或打击。我们手头的资源，也都会倾向于那些做事积极，敢于争取、敢于付出的人，我们鼓励每一位员工积极去做“出头鸟”。

具有冒险精神、敢于创新、敢于承担，这才是我们顺丰文化和顺丰精神所推崇的。

没有条条框框，问题就好解决了

“为何不反方向试试？”20 世纪 60 年代，美国有个叫迪克·福斯贝里的小男孩经常这样问自己。

迪克·福斯贝里是美国俄勒冈麦德福德中学的一名跳高运动员。当时主流的是“跨越式”跳高，而福斯贝里则喜欢“背越式”跳高。这是一种打破常规的反身起跳法——大步快速前进，最后扭身使背部与横杆平行，并以弧线形成一个优美的反弓——肩膀先过，然后是膝盖，两只脚在最后越过横杆，随即脸朝上背部着地。

当时，有不少专业人士断言，福斯贝里如果这样跳肯定会摔断脖子。但是，在 1968 年墨西哥城夏季奥运会上，他这样跳了，不仅没有摔断脖子，还以 2.24 米的成绩打破了全美纪录和奥运会纪录，将金牌收入囊中。福斯贝里开创了一种全新的跳高方式，这种背越式跳高也被称为“福斯贝里跳”。福斯贝里在 20 世纪 60 年代中期发明的这个跳法，后来被全世界每一名奥运会跳高选手采用。

之所以要讲这个故事，是因为王卫就是企业界的“福斯贝里”。他的商业模式、管理、营销等，都打破了常规模式，而做到这一切首先要忘记条条框框。

王卫不喜欢被各种条条框框束缚，在管理上，他也不喜欢将束缚施加给顺丰的任何一名员工。高中毕业后，王卫进入社会，也没有接受过什么专业的培训，但他在经营和管理上的见解却远远高于那些商学院毕业的MBA，那么他是怎样领悟的呢？对此，王卫的回答很谦逊："我没有条条框框，一切都回归到'面临什么问题，需要什么东西'。有时我们学了某个框架就想套用，却因为不理解设计初衷总会有不匹配。20年来我一直在寻找适合的框架，最终是佛学的因果循环让我开了窍。"

王卫十分相信"因果论"，认同"好人有好报"的说法，更坚信正因为有着正向的态度，顺丰才可以做到今天这个规模。

宅急送原总裁陈平说："顺丰的收派员和企业是分配关系，不是劳务上下级关系。当年收权，他没有全收，这就是王卫聪明的地方。当时是加盟老板不听话，他把老板收了，容忍了老板底下的员工，只要他们听话就行了。歪打正着了。"

顺丰员工对公司比较满意的地方，除了收入高、福利好，还有公司对员工的高度负责。这种高度负责主要体现在为员工提供培训、学习的机会，提供晋升的机制。有一个数据很能说明这一点，顺丰一半以上的高级管理人才都出身于快递员，这些高级管理人才都是顺丰自己培养起来的。

员工晋升机制是员工由较低层级职位上升到较高层级职位的过程。一方面，合理的员工晋升机制可以实现良好的资源配置，使合适的人做合适的事，实现能力和职位的匹配，同时可以为员工提供良好的职业生涯规划，从而激励员工。

另一方面，晋升机制对企业来说也是一个万分重要的管理机制。人才是企业最宝贵的财富，假如人才流失，不仅会给企业运营带来损失，也会让企业增加许多额外的成本。对新员工进行培训，让其尽快胜任工作岗位，这会带来很高的显性成本支出；人才流失对现有员工的心理会造成消极的影响，这是隐性成本支出。在企业员工离职的众多因素中，晋升机制不合理一直是非常重要的一点。

基于员工的意愿和性格特点，顺丰为员工建立了清晰的职业晋升通道，包括专业发展路线和管理发展路线。同时，在薪酬、激励制度、招培管评、职业生涯等方面都为员工作了长远考虑。

顺丰有一套“千里马人才”培养机制，坚持从内部培养人才。员工经过内部的选拔、培养、考核，能够从最底层的收派员一步步晋升为副总裁。

通过这种管理方法，员工们可以有明确的预期，知道自己在什么时间、通过怎样的努力，能达到什么样的成果。员工心里既踏实，又充满动力。

而从管理者的角度讲，从外面招聘的管理人员拥有成熟的工作经验，有自己的管理风格，可能需要很长时间才能融入顺丰，也容易产生各种问题。相反，假如摆脱常规招聘的条条框框，将重点放到内部培养上，从一线快递员中挑选优秀的管理人才，这些人才就不仅有多年从业经验，认同顺丰的制度、文化、价值观，还能保持非常高的忠诚度，为企业的发展竭尽全力。

另外，王卫还善于发现良才，并破格重用。

有一次，王卫到外地出差，目的地是顺丰的一家分公司。这家分公司的位置有些偏僻，在手机导航还不普及的年代，司机往往要打好几个电话问询才能找到这家分公司的所在地。而这一次，司机直接将王卫准确无误地送达目的地。

对此，王卫没有作声。在返程时，他特地问司机为什么能一下子找到这个地方。司机说，在接到任务的前一天他就已经翻过地图，记住了要走的路线，所以一下子就能找到。当时王卫说了一句：“你是第一个准确找到这个位置的人。”

回到深圳后，王卫就将这名司机调到了公司行政岗位。后来，这名司机凭借自己的努力做到了地区总经理。

王卫不受条条框框的束缚，也不用条条框框去束缚员工的发展。“能者上、庸者下、劣者汰”，这样一个常规却又经常被忽视的管理之法，被王卫使用得炉火纯青。这是王卫的福，是顺丰的福，也是顺丰员工的福。

让所有员工的心态归零

有一位老者曾经问邓亚萍："你的奖牌和奖杯都放在什么地方？"

邓亚萍回答："我父母把家里的一间屋子专门设为荣誉室，我所有的奖牌、奖杯、奖状全部放在那里。"

老者对邓亚萍讲："你应该把它们收起来，因为这些已经统统成为过去。"

这件事之后，邓亚萍一直在思考老者说的话。作为一名运动员，转型是很困难的。快要退役的时候，邓亚萍开始考虑退役以后她会做什么、她能和别人去竞争吗。答案是：她竞争不过别人。所以，邓亚萍决定去读书，完善自己。于是她选择到清华大学读书。

邓亚萍认为，在人生的道路上，既要不断地完善自己，也要勇于将人生归零，从零开始，保持一种勇往直前、拼搏向上的精神。

与此类似的还有一个有关禅的故事。

日本有一位著名的禅师，法号"南隐"。有一次，当地一位名人特地来向他问禅，名人夸夸其谈，南隐则默默不言，只是以茶相待。他将茶水注入这位来宾的杯子，杯子满了也不停下来，而是继续往里面倒。眼看着茶水不停地溢出杯子，名人着急地喊道："已经满了，已经满了，请不要再倒了！"南隐说："你啊，就像这只杯子一样，里面装满了自己的看法和想法。假如不先让杯子空掉，叫我如何对你说禅呢？”

名人幡然醒悟。

这个禅意十足的故事让国内众多知名企业家们感触颇深，将其阐释的“空杯心态”作为个人修身、员工教育与企业发展的精神导向。

海尔的张瑞敏就告诫员工：“我们的产品应该零库存，成功也应该‘零库存’。”话虽然不多，却字字珠玑，不仅道出了张瑞敏这个中国企业界堪称领袖级的企业家的“归零心态”，也道出了他领导下的海尔的“空杯心态”。

王卫也极为提倡心态归零。他曾经对很多下属说，不要把以前的经验当作“宝”，你所以为的“经验”很可能是一种“包袱”，顺丰进入任何一个全新的领域，都要有归零的心态。

当然，王卫说这段话是有背景的。

2014年，顺丰实施一系列变革举措，提出“嘿客”经营模式，收购全国各地优质的落地配企业……然而，在大刀阔斧的改革后，王卫认为，这些创新有一半是失败的。在反思失败的原因后，王卫强调，背负太多“包袱”，是制约顺丰发展新业务的重要原因之一。这主要是因为王卫比较看重的三个层面出了问题。

第一个层面是在新业务的探索或转型过程中，所有同事的态度、看法和自我转型的程度。顺丰没有从外部引进太多的专业人才，把许多机会留给了内部员工，就是希望自己的员工能够尽快成长起来，多掌握一些适应变革需要的新技术，进而在新的机会中让自己的事业更上一层楼。

但是在这个过程中，王卫发现，顺丰有很多员工的“包袱”太重，限制了自己的发展。这个“包袱”就在于，过去顺丰是单纯地送快递，员工都习惯了这套思路和做法，不自觉地就把这一套做法套用到了新的业务领域。

第二个层面是顺丰的企业文化。一直以来，王卫引以为豪的顺丰文化，是一种尊重文化、包容文化。但在一些新的业务领域，很多顺丰员工带着顺丰的良好品牌过去，会不自觉地产生一种自负的感觉。这种“自负”让企业之外的人感到不舒服,第一感觉就是井底之蛙、夜郎自大。不是“自信”而是“自负”，这让王卫很惊讶，也很疑惑。顺丰培养出来的人为什么会这样？王卫认为，顺丰的很多新业务都还处于摸索阶段，应该谦虚地向别人学习，和客户探讨，而不应该自以为是大企业就扮专家，让外界对顺丰留下不好的印象。

第三个层面是对新业务的管理。新业务的一些特点和操作模式需要从头学起，这个无可厚非，但在一些最基础的层面犯错误，就让王卫觉得难以接受。在这方面，王卫也进行了反思：一是顺丰的团队为什么会犯这些低级错误；二是整个集团在日常运作中为什么没能及时发现这些问题的苗头，做到防患于未然。要知道，哪怕是一些很微小的错误，时间长了也会引发大问题，从而让公司错失市场机会，造成较大损失。

王卫的反省让人越发认识到归零心态的重要性。不管是一个已经成功的人、一家辉煌的企业，还是企业中的员工，假如不敢或者不能“空杯归零”，就极有可能陷入失败的境地。当心中装满了自己、没有别人的时候，世界就会很小。而将自己放小，所有的人和事都能容下，世界自然就会变大。要做到这一点，就需要“清空”自我，只有这样，才能实现更好的自我。人是如此，企业亦是如此。

曾国藩说：“未来不迎，当下不杂，既往不恋。”这就是一种典型的归零心态。在这个世界上，一个人建立功业易，放下并重新启程。王卫了不起的地方，不仅在于他披荆斩棘的创业历程，也在于他能放下过往的辉煌，以归零心态重新整装出发。

第 8 章

藏锋：也曾目空一切，如今低调成王

地低成海，人低成王。

王卫作为国内最大的民营快递公司的创始人，行事极为低调，很少出现在公众的视野中。许多同行也表示“看不懂他”，视他为“神一样的存在”。那么，在这低调的背后，到底隐藏着怎样的秘密呢?

年少也曾轻狂，佛教令他折服

低调的王卫最为人所熟知的一点是他对佛教的虔诚，光他的办公室里就摆了八尊佛像，且天天礼拜。他低调谨慎的性格，就是在信佛以后才逐渐养成的。

王卫22岁创办顺丰，仅用3年的时间，就让公司在激烈的竞争中站稳了脚跟，并赚得了人生的第一桶金。虽然创业时历尽艰辛，但随着事业的飞速发展，王卫的内心还是产生了一些变化，头脑开始发热，人也变得飘起来，感觉自己年少得志。在一次内部讲话中，王卫回忆起这一段精神空虚的时期，这样说道：

很多同事都知道我是有宗教信仰的人——信仰佛教。为什么会有这个信仰？这个信仰给我带来了什么？了解了这些之后，相信大家对我王卫和顺丰的所作所为以及顺丰未来的发展会有更好的理解。

首先我简单地描述一下我自己的成长经历。我22岁开始创办顺丰，25岁公司初具规模，算是赚得了第一桶金。可能有人会说王卫很难得，年轻得志，却没有头脑发热变成“土豪”。其实，我25岁的时候也曾经是一副标准的暴发户做派。

不过这一切都是有背景和原因的：我们全家 1976 年从内地移居香港，当时面临的境况是一穷二白，一切都要重新开始。我父母之前在内地是大学教授，但是到了香港学历不被承认，就只能去做工人，收入微薄。

所以我穷过，相当清楚贫穷和被人歧视的滋味。当我 25 岁赚到人生第一桶金之后，有点目空一切的感觉，恨不得告诉全世界："我王卫再也不是从前那个样子了，我也是有钱人了！"

所幸，这个过程没有持续多久，主要原因有三：

第一，随着事业不断迈上新台阶，个人的眼界和心胸不一样了；

第二，得感谢我的太太，她在我得意忘形的时候，不断泼我冷水，让我保持清醒和冷静；

第三，找到了精神依托，信了佛教。

佛教让人内心平静，并且里面的因果关系能够让人醍醐灌顶。人这一辈子的成就、际遇，是跟上辈子积下来的福报有关联的，不管你权力多大、财富多少，很多东西你都掌控不了，比如你是男是女、在什么地方出生、长相什么样、家庭是否富裕等，你更加控制不了的是今天运气好坏、明天成功与否……

王卫信佛，一方面，在这个过程中读懂了因果关系，将之成功运用到了企业经营中；另一方面，王卫的心态逐渐成熟，行事风格逐渐稳健，这也给他的事业带来了积极的影响，使顺丰能够始终稳步前进。由此来看，在商道和佛心之间，王卫无疑是一位能真正领悟、从容参透的企业家。

其实，在国内企业界，信佛的人不在少数。在企业家的微博或者微信朋友圈里转发最多的，往往是佛语。

李嘉诚多次居于华人首富的位置，他总是非常坦然地告诉别人："我是学佛的人。"

李嘉诚的母亲庄碧琴女士是一名虔诚的佛教徒。在她的谆谆教导下，李嘉诚从小“崇佛尚儒，善心无量”。佛家的教义告诫世人：善有善报，恶有恶报，有因则有果。奉劝世人积德崇善，多做善举。庄碧琴将佛家教义视为做人的准则和教育子女的宗旨。作为母亲，她十分疼爱李嘉诚，但却不是一味地宠溺、偏爱，而是经常传授以佛教的教义，教育李嘉诚要以慈悲为怀、诚实待人。每天晚上，庄碧琴都会教儿子读书写字，还经常给他讲前朝文人墨客和民族英雄的故事，包括一心向佛的民族英雄林则徐。所以，长大以后，李嘉诚无论是做人还是经商，都坚持“诚信、利人、良知”的佛家教义，多行善举。

SOHO 中国有限公司创始人潘石屹尽管不是虔诚的佛教徒，但受到了佛教很大的影响，这主要是受朋友易小迪的影响。据潘石屹回忆，创业初期的他经常遇到各种各样的困难和问题。有一次，潘石屹又遇到了麻烦，便告诉了易小迪，但对方并没有给他出什么主意，只是淡淡地说：“我们一起念念佛经吧。”当时，易小迪和几个朋友一起成立了“海南省佛学研究会”，潘石屹经常和他们一起读佛经，“从此人的性格变平和了一些”。

一家企业能否长久地发展下去，领导者的清醒是关键。假如没有这份清醒，就无法平心静气地面对自身和企业所处的顺境与逆境，而佛教恰恰最能引导人平静内心。从这个角度来讲，企业家对佛教的信仰既发自内心，也在乎商道。

低调，力量蕴藏于安静之中

世间诸事，莫不是由小到大，由低到高。低是高的发端与根基，高是低的积累与堆砌。万丈高楼平地起，没有低的累积，就不会有高的成就。因此，低调做人是人生的大学问。

日本历史上赫赫有名的德川家康，就是通过保持低调最终出人头地的典型。

为了实现一统日本的梦想，德川家康在自己实力不强时，对当时掌权的丰臣秀吉处处表现得谦虚服从，像绵羊一般温顺，像狗一般忠诚。在周围人看来，他是最没有野心的人。连精明的丰臣秀吉在多次考验德川家康后，也认为他很听话、很好利用，所以，几乎将所有重要的事情都交由他去做。

德川家康那种谦恭、有礼、驯服、忠厚的态度，迷惑了日本朝野上下，很多人纷纷向他靠拢。但他并不为一时的得失所动，对丰臣秀吉一如既往地恭敬谦卑，时时刻刻都保持着低调，即便心中有强烈的激动或喜悦之情，也绝不会流露出来。他从不随意向下属发怒和惩罚他们。即使是他十分厌恶的人，他也能把嫌恶之情深深地隐藏起来，见面时仍然装出十分亲善的表情，礼貌而诚挚地问候对方。

德川家康的这种“伪装”，持续了50年之久，实在令人不可思议。等到丰臣秀吉一死，德川家康就顺势牢牢掌控了日本的大权。1603—1867年，德川家族控制日本朝政长达265年，被历史学家称为“德川幕府”。

一个人究竟强不强，不是看你有多么出名、多么有权有势，而是看你有没有真正让自己强起来的坚实基础和本事。真正有本事的人讲究运筹帷幄，厚积薄发，修于内而成于外，这才是真正让人佩服的成功。这样的人也不喜欢张名扬利，而是喜欢继续探索和追求，寻求新的突破。

王卫无疑就是这样的人。

顺丰飞速发展，日渐壮大，王卫却始终像包在粽叶里的粽子，不露声色。很少有人见过他，网上流传的照片也就那么一两张，直到顺丰上市，人们才知道王卫原来长这个样子。

与内地很多商人不同，王卫是一位典型的粤商，身上有着粤商一贯的沉稳与低调。曾有人说，在广东街头，如果你看到一个身着背心短裤，脚踩人字拖鞋，提着简易塑料袋的百姓，千万不要小瞧，因为他可能就是胡润富豪榜上的超级富豪。低调的粤商们似乎习惯隐身于世。美的集团掌门人何享健提倡“只做不说、埋头苦干”，为人十分低调，远离公众，行踪神秘。立白集团董事长陈凯旋衣着简单朴素、生活节俭清淡。聚龙集团董事长梁伯强对很多人来说更是一个极其陌生的名字，但他却是全球“指甲钳大王”，他的企业生产的指甲钳占据了全球第三的市场份额……

另外，王卫长期在香港生活，也使他养成了低调内敛的性格。香港商人的商业观念在很长一段时间里都比内地商人更加成熟。受此影响，王卫在工作之余，本能地厌烦抛头露面，在他看来，力量蕴藏于安静之中，沉默是金。事实上，这种企业家无疑才是更成熟的企业家。

秉持着低调做人的观念，王卫拒绝过中央电视台的多次采访，据一位物流快递行业的资深人士透露：“有一次，邮政局领导都递话了，他还是委婉拒绝。”另外一位快递行业杂志的主编则说，多年来，他们一直邀请王卫“来编辑部坐坐，不是采访，只是内部交流”，王卫答应归答应，但是从来没有出现过。2010 年春天，《壹周刊》记者混进顺丰香港的点部，做了一整天的快递员，收派了 300 多个包裹后，终于拍到了王卫的照片，并发到了《壹周刊》上。据说，这件事情让王卫很不高兴，此后出行越发低调。

2011 年，王卫接受了广州《羊城晚报》的专访。他对记者坦言自己“豁出去了，一定知无不言，言无不尽”，但还是拒绝了拍照的要求。因为“我总是站在旁边的那一个，习惯了低调的生活，做一个平常的老百姓、一个凡人很舒服，没有威胁”。

王卫不仅对外低调，对内也是如此。即便是在企业内部刊物上，王卫也很少留下身影，即使有，也多是背影或模糊的侧面照。不像很多高调的企业家，恨不得把自己的头像印在企业的 LOGO 上。

在生活中王卫也是如此，衣食住行都是简单就好。和朋友一起吃饭时，他总是坐在角落里，安静地听别人高谈阔论，完全看不出是一位亿万富豪。

王卫的低调也影响了顺丰高层管理者。他们在和媒体接触时，总是会不好意思地提出要求，请媒体在报道时隐去自己的职务和姓名，理由是：“王卫都如此低调，我们最好不要出来抛头露面。”顺丰的一位副总裁更是直言：“出来说多了，不管是经验还是困难，最终的压力会施加到公司内部，与其这样，不如脚踏实地地干，这样心里踏实。”事实上，不只是高层，顺丰的快递员也十分低调，给人的感觉都是普普通通，脾气非常好，很少和客户产生争执，把全部心思都用在了思考如何送好快递上、如何提高服务质量上。

在顺丰优选原总裁刘淼看来，王卫是他见过的最低调的企业家，以至于一回忆起自己和王卫初次相识的情景，他就感叹不已。那一次，刘淼经人介绍认识王卫后，带着他去见某单位的部门领导，领导却误认为王卫是刘淼的司机。在刘淼看来，十几年前的王卫和现在没有什么区别。王卫穿着简单但干净利落，白衬衫、牛仔裤、双肩包、运动鞋是他常见的打扮。正是这样一个低调至极的人，用 20 多年创造了中国民营快递的一个奇迹。

抵御机会的诱惑，敢于对机会说“不”

2005年开始，国内商界掀起了一股“卖猪热”，也就是把企业这头“猪仔”养肥，再以一个好价钱卖给别人（主要是外企）。2005年，国内知名化妆品企业“小护士”被欧莱雅收购；2006年，法国SEB集团以部分要约方式收购了苏泊尔大额股份；2011年，国内著名餐饮企业小肥羊被卖给了美国知名餐饮企业百盛集团……

在这股风潮中，不少创立时间与顺丰差不多的企业，都卖了一个好价钱。用博鳌亚洲论坛一位原秘书长的话来说就是“猪卖得出去，对一个企业来说，是一件很光荣的事情”。

其实，王卫也多次收到收购或者并购顺丰的请求。早在1995年，国际快递巨头之一荷兰天地快运就曾与王卫联系，想要收购顺丰，不过最终被王卫拒绝。最后，为了进入中国快递市场，荷兰天地快运退而求其次，收购了华宇物流。2003年，另一家国际快递巨头联邦快递也看上了顺丰，出资高达五六十亿元人民币进行收购，而当时顺丰的年利润才不过13亿元。面对天价收购，王卫依然拒绝。2007年，宅急送的营业额一度达到13亿元，成为业内老大。宅急送创始人陈平曾南下深圳找到王卫，希望收购顺丰，进而打通全国市场，但还是被王卫拒绝。

企业家的一个重要品质就是要能抵御机会的诱惑，敢于对机会说“不”。这些机会看起来都很美好，换了一般人，面对国际巨头或者行业老大伸出的橄榄枝，往往都难以拒绝。但王卫对此却毫不犹豫。不仅如此，对于外界的投资，在很长一段时间内，他也是一律拒绝。直到 2013 年，为了上市，他才接受了外部资本的注入。

曾经有些 PE 与 VC（风险投资）专门花 50 万元寻找介绍人，仅仅是想和王卫共进一顿晚餐。据一位做咨询的董事长透露，包括美国花旗银行在内的很多投行都曾经联系他，希望能在他的撮合下注资顺丰，成交后将付给他 1000 万美元的佣金。但结果却表明这位董事长与 1000 万美元无缘，王卫再次拒绝了。在王卫看来，对当时的顺丰来说，任何外资的注入都可能影响到高层的想法，进而影响他在作决策时的独立性，所以，在顺丰未准备好上市之前，决不接受任何外资。当然，这只是其中一个原因，王卫敢于对上述机会说“不”，还有着多方面的考虑：首先，顺丰是他从一间 6 人小店，费尽辛苦渐渐做大的，感情很深，就像是他亲手带大的孩子，根本不忍心卖掉；其次，王卫对民营快递企业尤其是顺丰的未来十分看好，认为收购者开出的价码完全不符合顺丰的价值，至于风投更是机会主义，顺丰又不缺资金，完全没有必要理会；最后，作为一名企业家，王卫始终有着很深的爱国情怀，他不希望为了钱而把自己国家的品牌卖出去。

在王卫身上，我们可以看到“全球第一 CEO”杰克・韦尔奇的影子。作为全球最伟大的商业奇才之一，有人评价说，韦尔奇在通用公司当 CEO 期间，最大的成就就是收购了几百家潜力巨大的公司。可韦尔奇的回答却是：“不，我对公司最大的贡献是拒绝了至少 1000 个很值得投资的机会。”

与此类似的还有马云。

在经历了 2000 年的投资泡沫后，2002 年底，互联网领域开始回暖。当时著名的网络公司如新浪、搜狐等相继实现赢利，一些颇有市场前景的互联网项目也初露端倪，阿里巴巴的网商用户超过 400 万家，马云开始面对机遇的诱惑。

当时，几乎所有人都认为，阿里巴巴拥有大量有价值的注册客户，具备了开拓任何领域的条件。是投资游戏、短信，还是继续做电子商务，是马云要作的重大决定。而马云最终的选择是——不改初衷。

谈起阿里巴巴的这种成长战略，马云颇有心得。他说："一家公司在两种情况下最容易犯错误，一是有太多钱的时候，二是面对太多机会的时候。"一个CEO看到的不应该只是机会，因为机会无处不在，一个CEO更应该看到灾难，并要把灾难扼杀在摇篮里。

这真可谓"英雄所见略同"。的确，脚踏实地是企业家必备的一种品质。如果不能稳扎稳打地走好每一步，不能抵挡住机会的诱惑，就会在机会中迷失自我。如果你能像王卫、韦尔奇、马云那样，懂得拒绝机会的诱惑，始终坚持自己走的路，十年磨一剑，那么，你也可以获得属于自己的成功。

"金刚怒目"，为快递员高调出头

2016年4月中旬，网上流传起一段快递小哥因剐蹭他人小轿车而被掌掴的视频。原来，4月17日下午，一名顺丰快递员在北京市东城区某小区内骑电动三轮车派送过程中，与一辆小轿车发生轻微碰撞，小轿车的车头被剐蹭。从这段视频中可以看到，快递小哥被车主多次掌掴、辱骂，并指责其抢道，让其赔修车钱。对于车主的无礼言行，这名快递小哥只是保持沉默，未作任何反击，最后还掏了400元的维修费用。

事发后，顺丰公司迅速表态。4月17日晚7点，顺丰官方微博作出回应："我们的快递小哥大多是二十几岁的孩子，他们不论风雨寒暑穿梭在大街小巷，再苦再累也要做到微笑服务，真心希望发生意外时大家能互相理解，首先是尊重。我们已找到这个受委屈的小哥，顺丰会照顾好这个孩子，请大家放心。”4 月 18 日 8：40，顺丰官方微博又发表了一篇声明，称已安排公司高层跟进处理事件后续，已向警方报案并安排快递小哥做伤情鉴定，相信公安机关会依法处理。声明提出三点主张：反复殴打行为极其恶劣，不同意对方调解诉求，对于此寻衅滋事行为建议追究刑事责任；今后若发生类似事件顺丰将依法维权，对员工的合法权益保护到底；服务行业十分辛苦，需要彼此理解和尊重，望共同维护社会公平正义。

除此之外，顺丰负责人还讲明了当天事件发生的具体情形。当时，快递小哥正在收件的路上，并称其没有违反任何交通规则，与打人司机的机动车发生剐蹭。权威媒体在经过认证、取证后也表明，事发时，视频中的黑色轿车阻挡了部分路面，快递小哥示意其挪动车辆。黑色轿车移动后，在快递车穿过轿车车头与路边的空档时，黑色轿车突然向右后方倒车。由于车头运动轨迹有弧度，因此与正在通过的快递车发生碰撞。

自此，这一事故进入了法律程序。

我们要说的是王卫对这件事的态度。4 月 17 日当晚，王卫就在朋友圈发声：“我王卫向着所有的朋友声明！如果这件事不追究到底！我不再配做顺丰总裁！”

王卫此举很快引发了舆论热议，网友纷纷点赞，并将为员工出头的王卫、在机场排队等出租车的任正非和捐钱做公益的马化腾并称为“中国好老板”。

熟悉王卫的人都知道，王卫信仰佛教，低调、内敛。王卫经常通过内部讲话表明佛教对自己修身养性、保持平静心态的作用。对于这次发怒，媒体纷纷以“罕见”形容。佛教在世人眼中一直是平和的，但正如王卫所说：“如果这个世界用钱或一个道歉就可以解决问题，那要法律干什么？”

从事后来看，王卫“金刚怒目”为被打快递小哥出头，之所以能够在舆论上取得巨大的成功，一是因为他苦心经营的顺丰多年来建立了积极正面的形象，二是因为他的表态也抓住了员工寻求尊重的共通点。

事实上，王卫不仅在公众面前为自家快递员出头，在演讲、企业内部讲话时也曾多次表示：“一线快递员是支撑顺丰的基础，是顺丰真正的核心资产！”

王卫就曾经是一个快递员，那些背包扛箱子、走街串巷送快递的经历，他从不曾忘记。直到现在，王卫还不时地下到基层，和分拣员一起分拣货物，送快递。在顺丰优秀员工的颁奖答谢典礼上，王卫还会向一线快递员深深鞠躬，感谢他们为顺丰作出的贡献。

网上流传过一张顺丰快递员在大雪中吃盒饭的照片，很多人看过后都备感心酸，王卫更是当场落泪。他说：“每个快递员都是顺丰这个大家庭的孩子，为何我们的孩子会冒着雪吃便当？很对不起大家！”

王卫这个堂堂七尺男儿的眼泪令人动容，也令其他企业家深思。

前文从管理角度讲述过顺丰对员工的尊重，这里从王卫个人的角度来表现这一点，目的无非是说，在职场中，满足员工对尊重的诉求早已是企业的重中之重。某权威招聘网站的最佳雇主报告调查显示，“对员工的尊重”超越了“完善的福利待遇”，成为最重要的最佳雇主特征。对于一名正常工作的员工来说，谁都希望自己的公司能够成为自己的靠山。而这种渴望的极致，就是企业老板为一个小员工挺身而出。王卫这一次的愤怒正好满足了员工的这种渴望，在为自己树立了良好企业家形象的同时，也为顺丰作了一次最好的公关宣传。

第 9 章

度危：主动进攻，危机就是最好的战机

一场危机是一场灾难，但也潜藏着机遇。

王卫不仅善于居安思危、正确对待危机，也善于在危机中主动进攻，寻找危机中的生机，抓住危机中隐藏的战机，即使身处绝境，也从不放弃希望。

居安思危，时刻保持危机意识

“生于忧患，死于安乐”，这一古语蕴含的深刻道理适用于每一位企业家。如果你在经营时缺乏强烈的忧患意识，就有可能在突如其来的冲击面前惊慌失措、无从应对，进而被市场淘汰。忧患意识的可贵之处就在于，能够从承平中预见危机，从有利中发现不利，未雨绸缪，防患于未然。

增强忧患意识，必须着眼长远。早在 1984 年，海尔的张瑞敏就当着全体员工的面，将 76 台有轻微质量问题的冰箱砸毁，使员工产生了一种危机感与责任感，由此创造出了独具特色的海尔式产品质量和服务，才使海尔取得了今天的辉煌成就。

王卫无疑也是一位非常善于居安思危的企业家。他曾说：“我是一个危机意识很重的人。为什么去拼一些创新的东西？最主要是因为我意识到未来会有风险。不是说等到穷的时候再去考虑变。在还有本钱、还可以任性的时候，就要去试错、去尝试。在这个过程中，10 样东西里有 1 样成功了，可能这就是规避未来风险的重要业务。”

一直以来，顺丰的发展都带着深深的王卫烙印，时时的危机感、不断的试错和积极的创新与挑战，让顺丰一路走到了今天中国快递行业领军者的位置。

2008 年金融危机后，顺丰似乎成为民营快递行业唯一一家因祸得福的企业。2008—2012 年，顺丰进入加速发展时期，也正是在这一时期，顺丰真正发展成了民营快递的“领头羊”。尽管如此，王卫却没有丝毫的满足与懈怠。2012 年 9 月 16 日，王卫发了一封名为《关于顺丰目前面临主要经营问题的几点意见》的内部邮件，痛斥顺丰存在的各种问题和顽疾，这正是他具有危机意识的充分体现。我们把这封邮件摘抄出来，相信读者一定能从中体会到王卫深刻的危机意识。

今年以来，公司经营出现了比较严重的问题，集中表现在两个方面：一是收入增长放缓。2012 年 6 月，收件同比增长 24.2%，比上年同期（42.85%）低 19 个百分点；收入同比增长 32.21%，低于上年同期（39.29%）7 个百分点。与此同时，整个行业却仍保持高速增长，2012 年上半年，行业收件同比增长 51%，收入同比增长 39.7%。我们的增速（收件 29.9%、收入 35.4%）明显低于行业水平。收入增长放缓，且低于行业增速，意味着顺丰市场占有率下降（大陆地区收入市场占有率从 2011 年 6 月的 28.19% 下降到 2012 年 6 月的 26.7%），面临着十分严峻的经营形势。二是盈利能力下降。2010 年 4 月起，公司的成本增速开始高于收入增速，成本线与收入线之间的差距越拉越大，直到 2012 年 6 月，成本线依然处于收入线的上方。成本费用增幅高于收入增幅意味着我们在提升资源效能、促进各项成本费用投入合理性方面没有有效措施，盈利能力受到极大挑战。

为什么会出现以上问题？我们应当如何应对？我要谈几点看法：

意识保守僵化，缺乏活力

1.“靠天吃饭”的惯性思维在继续。过去几年公司业务一路高速增长，各级管理者习惯了把主要精力放在内部，闭门苦练内功、漠视市场变化和客户需求的心态。很多同事对此习以为常，总认为内部管好了就不愁业务。但是随着外部形势变化，这些惯性思维明显不合时宜，正在阻碍公司的发展。

2.“不求有功，但求无过。”创新很难吗？我们的管理者水平不够，无法创新吗？都不是。归根到底，是我们自己害怕创新，怕犯错、怕承担责任。久而久之，这种不求有功、但求无过的想法成了主流，创新纯粹变成了口号。

3. 内部工作氛围每况愈下。管理层缺乏使命感，“多一事不如少一事”，不愿开口说话，导致消极的工作状态逐级向下传导。跨部门沟通隔阂、推诿，这一情形仍在蔓延，使内部工作氛围每况愈下，给企业带来巨大内耗。

这些意识层面的问题使我们面对的困难雪上加霜。怎么办？首先希望大家清醒地意识到：当前的经营形势不容乐观，我们正在丧失应有的市场份额。管理层必须树立以市场为导向、以客户为中心的经营观，解开思想枷锁，从“总部让我做我才做”转变到“总部没有禁止的，我都可以做，总部要帮我做”；鼓励在“不违反法律、不偏离战略”经营底线内的创新。

没有建立起以市场为导向、以客户为中心的工作体系

1. 不了解市场。今年以来出现了大面积无法完成收入预算的情况，历次分析都归因于经济形势不好；那为什么行业增速又很好呢？究竟是经济形势不好，用快递的人少了；还是我们的服务跟不上，用顺丰的人少了？

2. 漠视客户的需求。请问管理层有几个知道自己最重要的客户是谁？有没有跟这些客户保持面对面的交流，了解他们对顺丰的服务需求？有没有检视几年来顺丰的服务是否有实质性的提升？有没有试图通过努力成为客户唯一的快递服务商？

3. 竞争对手研究浮于表面。我们向来只把国际快递巨头或“四通一达”视为竞争对手，进行简单的动态信息摘录，对经营决策几乎起不到辅助作用。

事实是，在不同的市场分层中，我们面对不同的竞争对手。以重点大客户开发为例，我们发现国内大型企业的物流和快递供应商往往是一些小公司、货代公司，他们在客户处拿到了“总包”业务量，再把部分甚至大部分业务“转包”给顺丰，这些公司的服务其实是在向客户提供“解决方案”，靠大脑吃饭；顺丰则不幸沦为搬运工，靠体力吃饭。我们在目标客户、目标市场上的竞争对手究竟是哪些公司，他们的报价、运作、服务、管理是怎么样的，客户为什么会选择他们而不是我们，这些问题都是需要去深入了解和分析的。

我认为解决的方向是：第一，建立广泛了解客户需求、及时满足客户需求的工作机制。十几万员工就是顺丰的“眼睛”和“耳朵”，倾听顾客的声音，管理层则要倾听员工的声音，使好的想法变成新的服务、更好的服务。第二，要以提供“一揽子解决方案”为目标，为大客户提供“一站式”的服务，改变客户结构，丰富产品服务类型，让大客户的收入贡献成为收入结构的主体，而不是把需求还给客户、交给竞争对手。参观新加坡横河电机的经历让我们很多同事感到震撼和启发：从完全定制化的需求出发去拉动生产是可行的；在标准化的平台上是可以实现定制化的服务的；为客户提供定制化服务并不是对员工素质提出了超高的要求，而是要在系统集成、流程设计、企业文化上下功夫。第三，要以为客户实现价值来检验我们的质量管理，不能再像过去那样把质量管理简单地等同于失误率指标，而要从客户需求出发，以提升管理质量为手段来实现质量的提升。

“顺丰能力”未能创新转化为“顺丰机会”

1．强大的营运能力未能转化为市场份额。公司的营运优势（如时效管控处于行业领先、庞大营运资源衍生的终端配送优势等）没有整合、提炼成解决方案，去迎合客户需求。以时效为例，某大型 B2B 客户同时选择联邦和顺丰为其物流供应商，主要考虑“顺丰没有时效承诺而联邦有”，但使用中客户却发现其实顺丰的时效比联邦更快。这种例子还有很多，一方面我们自上而下推动非常费力，不知道能卖给谁；另一方面，大量客户为需求而苦恼，却不知道“顺丰有”或“顺丰可以有”。

2. 没有基于品牌优势创新服务模式。顺丰经过多年积累，在客户中建立起可信赖的品牌形象，我们的品牌力是有竞争力的。以“特色经济”代购为例，客户在选择这种服务的时候，顺丰不单是可信赖的运输途径，更是为客户选购并对产品品质作保证的可信赖品牌。由此不难想象品牌价值在快速消费品市场为我们带来的巨大潜力。

3. 没有通过服务创新去建立与客户“血肉相连”的关系。现阶段国内客户对服务创新的需求并非高不可攀。我们如果能在现有能力基础上做小幅度的改进和延伸，就可以率先令客户满意，提升客户黏度，与客户“血肉相连”。例如我们对电子商务的服务模式，就可以通过研究市场上的“落地配”服务，整合自身的营运操作、仓储服务、系统对接等能力，打造一个具有强大竞争力的开放服务平台。

要打破这种被动局面，我们需要从以下方面着手：第一，战略澄清。澄清谁是我们的客户、谁是我们的竞争对手、我们擅长做什么；哪些是我们可以把握的市场机会、哪些市场份额是应该获取和能够获取的；怎样去获取这些机会和份额。这些战略层面的问题在公司内部认知模糊，直接导致创新中的缩手缩脚。第二，决策程序。目前的产品设计工作方法亟须改变，产品设计应符合或引领客户的需求，必须经过严谨的商业逻辑论证。每一个产品的策划，至少先回答三个问题：目标客户是谁（以确定市场容量和销售对象）、竞争对手是谁（以检视竞争优势和制定营销策略）、自己能力如何（以设计营运模式并确定盈亏平衡点）。第三，组织分工。职能、经营职责分工调整，使我们增加接触客户的机会，具备更专注面对市场、服务客户的能力；需求管理机制的建立，为经营中的创新需求提供便捷通道；请大家进一步理解和善用这两点。

……

今天我们面临严峻的经营形势，有“危”更有“机”，重重压力只会令顺丰迸发出更大的能量。“今日的选择造就明日的顺丰”，与各位同仁共勉。

比尔·盖茨说：“微软离破产永远只有 18 个月。”这话一点也不夸张。

没有居安思危的意识，企业和企业家都会逐渐变得麻木，即使已经坐在了火山口上，还安然地做着美梦，自以为天下太平呢！

相反，企业家如果像王卫一样，时刻有危机意识，看到企业和市场面临的潜在问题，时刻提高警惕，就能使自己的企业回避一系列市场风险，走得更安全、更长久，还能使自己时刻保持旺盛的斗志，把满足、懈怠、停滞之类的恶习彻底抛开，不断努力，矢志开拓，去争取更大的成功。

有诚意，敢担当，主动解决永远好过被动推诿

在企业发展过程中，再周密完善的防范也无法杜绝危机的发生，只能尽量降低其发生的可能性。因为商业领域涉及的变数太多,既有政治上的突发事件、经济中的政策调整、法律上的变动，又有自然界的风险、市场需求风险、财务风险等，不胜枚举。而这些复杂的情况也不是一个人、一家企业能全面考虑到的，更不可能事事未雨绸缪。面对危机，公司要顺利度过，就必须有诚意、敢担当，在此基础上主动去解决危机，千万不可被动推诿。

2008 年 1 月 13 日，一场危机考验，在没有任何先兆的情况下降临到顺丰的头上。午夜时分，顺丰的武汉中转仓库因为隔壁供电线路短路引起了火灾，

起火时库存有2000多单快件，其中80%被烧毁，损失数额巨大。

事故发生后，顺丰应急机制迅速运转。顺丰总部第一时间得知消息，湖北区部管理人员则冒着风雪赶到火灾现场，并迅速组织在场员工抢救尚未被烧毁的客户财产。那一晚，该区所有工作人员没有一个睡觉。

得知消息后，顺丰总部迅速成立了应急领导小组，火速赶往湖北展开危机处理工作。

紧接着，顺丰总部又迅速将此事汇报至国家邮政总局备案，同时，由湖北区总经理向湖北省邮政局汇报情况。另外，迅速启动了位于安徽长丰的一处备用场地，以保证公司的正常运转。

1月14日早上8点，顺丰开始通过各地的呼叫中心向受到影响的寄方、收件方致电，对情况进行说明，做好解释工作。为了避免客户耽误重要事情，顺丰还在电话中通知客户，愿意免费帮客户及时补寄重要文件或出具相应的证明。下午，总部应急小组到达湖北后，顺丰再次向当地公安、邮政相关主管部门汇报了详细情况。

考虑到湖北地区可能会有大量咨询电话，为了避免客户等待、产生误解，顺丰及时切换其他地区的呼叫中心对湖北进行支援，接受客户的咨询。

面对网络上流传的各种不确定信息，为了避免引起消费者的误解，顺丰客服部门及时进行了跟帖和解释，争取将负面影响减到最小。

经过3天细致入微的工作，王卫代表顺丰给出了如下解决方案。

关于顺丰湖北中转场火灾事故的回复

尊敬的客户：

你们好！

这次由于我司湖北中转场受邻近火灾事故波及，给广大客户造成困扰，在此我代表顺丰速运向受影响的客户表示深深的歉意。现在相关政府部门正对事故原因进行调查，在事故责任方鉴定还没有定论前，我们不方便也不会对此发表意见。但是，作为一家负责任的企业，我们是绝对不会逃避责任的，所以请大家绝对放心。对你们关注的理赔方面问题，我作出以下表态：

1. 对已经明确填写品名和已经申报了货品价值的客户，且申报的价值在 5000 元以下的，本着对你们的充分信任，我们在不作任何调查的情况下马上按照物品的申报价值赔偿。

2. 对没有填写品名，也没有申报货品价值的，在后来才提出品名和价值或者原来申报的价值是 5000 元以上的，我们会尽快作出调查核实，但是这需要一段时间，希望这部分顾客能理解。我们已经成立专门小组对这部分客户的情况作出跟进，核实损失，并在合理合据的情况下承担我们应负的责任。

3. 所有填写文件类的快件，一律以 2000 元的额度赔偿。

顺丰是有社会责任心的企业，我们一直的使命观是成就客户，因此我们绝对不会推卸应负的责任，不会为了自己的利益而作出损害客户的行为，因为这样违背了顺丰自己的核心价值观。

我由衷地希望广大客户能够给我们一定的时间，抱着宽容的心态面对问题，一起以积极、相互理解的态度来解决问题。我们会积极吸取教训，完善自身管理，以更好的服务来回报大家一直以来对我们的支持。

顺丰速运

总裁：王卫

二〇〇八年一月十七日

备注 1：对应这次事故，我们是因应特殊的性质，作出特例处理。

备注 2：这次的理赔标准大大超出了行业标准。

这一次的危机，顺丰应对及时，处理妥当，充分显示了顺丰的诚意与担当，赢得了公众和舆论的广泛理解。顺丰湖北的业务并没有受到影响，业务量基本与 2007 年 12 月持平。许多蒙受损失的客户也纷纷表示理解，认为顺丰的赔偿非常公道。

从顺丰应对危机的措施中，我们可以得出十分有益的启示。首先，危机来临时，企业的经营管理者要保持冷静和从容，千万不能乱了阵脚。其次，在危机处理上要体现出速度，要迅速作出反应，尤其是在危机发生后的黄金 24 小时内，要有企业自己的声音或者声明出现，否则各类谣言和攻击就有可能将企业搞得灰头土脸甚至一蹶不振。再次，在态度上，一定要坦诚、有担当，不能有任何隐瞒和敷衍的侥幸想法，否则一旦被揭露出来，企业将很难再走出危机。最后，一定要体现出企业的社会责任感，要以积极、负责的态度处理危机，该道歉就道歉，该赔偿就赔偿。做到以上几点后，企业还需要做下一步，即说明采取什么样的手段应对危机。这其中很关键的一点，就是要给公众一个“未来预期”。

从结果来看，顺丰的处理无疑是一次成功的危机管理案例。在具体处理过程中，针对不同的利益相关者，顺丰都积极沟通，让利益相关者都处于知情状态。例如，在第一时间成立危机事故处理小组，及时对遭受损失的客户作出三个赔偿承诺，及时向相关主管部门报告并与媒体沟通，及时安抚湖北区的顺丰同事（王卫发表了《致湖北区参与汉江中转场重大火灾事故救灾工作同事书》），这些都是十分有效的危机公关措施。与那些一旦遭遇危机便找借口推诿的企业相比，顺丰的应对措施显然要高明百倍。

不惜一切代价把货件送到客户手中

在联邦快递，有一个坚守了 45 年，对公司影响最大、最重要的工作理念，即每一位联邦快递人每天都应该做到“不计代价，使命必达”。“使命必达”是联邦快递服务的终极目标，更是其员工职业精神的综合体现。它增强了员工的使命感，激发起员工的激情和创造力，磨砺了员工的执行力，提升了员工的服务层次。可以说，正是“使命必达”的精神成就了联邦快递今日的辉煌。

作为以提供快递服务为主的公司，每个联邦快递人都以“使命必达”为座右铭。即使在遭遇突发危机时，也尽最大可能按时把包裹送达。2001 年 9 月 11 日，恐怖分子劫持飞机，先后撞击美国纽约世贸中心和华盛顿五角大楼，这就是恐怖的“9·11”事件。事件发生后，美国在全国范围内实行“禁飞令”。为了兑现公司“使命必达”的承诺，联邦快递在 12 小时内租用了 800 辆卡车运送包裹，结果大部分货物的交货时间仅比规定时间晚一天。

其实，“使命必达”的精神对每一家快递企业来说都至关重要，顺丰也是如此。王卫就曾霸气地说道：“要不惜一切代价把货件送到客户手中！”

2008 年初，我国南方遭受了巨大的雪灾侵袭。这场百年一遇的特大雪灾导致许多交通要道陷入瘫痪，给很多行业带来危机。尤其是快递企业，递送系统几乎瘫痪，快件大幅延期甚至大量堆积。

对快递公司来说，虽然每年都会因为北方大雪而影响递送，但南方地区出现如此大的雪灾，的确让它们有些措手不及。“我们在西南地区的网络已经宣布汽运货物停止接货三天了。”中通的一位管理人员这样描述当时的情况。由于南方的贵州、四川、广西等省区的高速公路陆续封闭，中通积压了很多全国各地发向西南主要城市的货物。按照惯例，中通从全国各地运往成都的货物一天就达十几吨。“大雪或者冰冻天气对快递业务的影响非常大。前几天烟台和威海地区刚刚经历大雪，高速公路封闭，今天才恢复开通，现在又轮到了西南地区。这对于运营全国网络的快递公司来说，就会遭遇快件积压越来越多的情况。”另一位中通快递的管理人员这样忧虑地感叹道。

大雪天气一直是顺丰和“四通一达”这样的快递公司的“心腹大患”，因为这将严重影响快递速度，进而影响公司整体的运营效率。很多中小型快递公司就是因为2008年雪灾，不得不关门歇业。

顺丰当时也受到了非常大的影响，其在南方各省区市的网点都遭受到剧烈的冲击。尤其是航空件的滞留，更是给以定位高端客户的顺丰带来了前所未有的压力。大量航班取消，大量航线停运，让顺丰的航空业务几乎陷入停滞状态。

然而，沧海横流，方显英雄本色。正是在形势如此严峻的大背景下，王卫依然作出了不停止收发件的决策，并表示“要不惜一切代价把货件送到客户手中”。在很多快递企业都停止收发件甚至关门歇业时，顺丰正常收发件，这对于很多客户来说无疑是雪中送炭。

为了实现不停止收发件的承诺，王卫成立了专门应对此次雪灾的“1·28小组”，要求该小组务必及时解决任何时间、任何地点发生的任何突发情况，无论付出多大的代价，都要将快件送到客户手中！

要想在如此恶劣的自然灾害中保证正常收发件，最快的方法无疑是航空运输。采用这种方式可以避开大雪天气对道路的影响，还能有效缓解物流链停滞的情况。但当时，绝大多数航班都已经停止运营，能为顺丰所用的飞机屈指可数。

为了保证正常收发件，顺丰高价租下飞机的腹仓进行送货，还为自家的全货运包机开通了付费专线，24 小时待命。

然而，随着雪灾越来越严重，航空运输也变得危险起来，能够正常飞行的航线接近于零。万般无奈之下，顺丰又在长途干线货车租赁上投入重金，以确保货件能送达到客户手中。

对经历过 2008 年雪灾的顺丰人来说，那段日子无疑是万分艰难的。因为正常收发件，他们不仅要处理仓库中堆积如山的货件，还要接收因同行停止收货而大量涌来的订单，可谓是焦头烂额。实事求是地说，那段时间也有人因为受不了这种"残酷"的工作而离开，但是更多的人选择了留下来，他们勇敢地与雪灾斗争着，不分昼夜，加班加点。他们的目标很简单，就是能更早地将货件送到客户手中。

正是凭借着顺丰每一位员工的不懈努力，仓库中积压的货物开始逐渐变少。到 2 月 2 日，货件已经送出去了一半。2 月 24 日，这场肆虐中国南方近一个月的特大雪灾终于过去，顺丰不仅经受住了这次危机的考验，还以"不惜一切代价把货件送到"的决心和行动赢得了大量客户的信任。

快是好事，但要懂得何时刹车

真正的老司机都明白，开车的时候最重要的不是加速，而是刹车。如果把带领企业形容为驾驶一辆汽车，那么顺丰速运这辆汽车的驾驶员自然就是王卫。当高速发展、巨额利润落到头上时，王卫不会因为 90% 甚至 100% 的增长率而欣喜若狂，反而忧心忡忡。因为在他看来，企业经营中最严重的危机并不是增长缓慢，而是增长太快以至于不知道怎么才能刹住车。

在2013年的新年讲话中，王卫更是确定了及时刹车、由量变转质变的转型战略。他说：

顺丰之前一直都是片面地追求一个“快”字，当然，也赢得了一些客户的认可，获取了一定的市场份额。但是进入2012年，我明显地感觉到，我们的一些产品和服务在市场上不是那么好卖了。你关起门来觉得自己的服务好是没有用的，好的服务应该卖得很好才对。但现在的情况是，顺丰在市场上有点叫好不叫座的感觉。为什么会出现这种情况呢？因为市场开始出现变化，人们的消费习惯也开始改变。如果我们觉得自己的产品很好，客户感觉也很好，但人家就是不用你，那么我们很快就会被市场边缘化，最终被市场淘汰。

图9-1　在大雪中送货的顺丰快递员

“只有知道如何停止的人才知道如何加快速度。”这句看似矛盾的话，其实是非常有道理的。一般来说，速度越快的事物越知道如何停止。举个例子，猎豹是世界上跑得最快的动物，它的止步速度和拐弯速度都是最快的，在追逐猎物时可以随时停止和转弯。

人类创造的各种交通工具的道理也是如此。速度越快，刹车系统也就越好。例如，人们开着宝马或奔驰在高速公路上飞速行驶时会比较放心，主要原因就是宝马和奔驰的刹车系统很好，在遇到紧急情况需要刹车时，可以很快停下来。相反，如果开一辆性能很差的车，一旦遇到紧急情况需要刹车，结果就很可能是车毁人亡。所以，想要保持速度，就需要知道何时停止、如何停止。

目前，很多企业家在赚钱的道路上飞速向前，不惜任何代价去赚钱。例如，很多人拼了命工作，却疏于管理和保养自己的身体，也忘记了修身养性，甚至忘记了需要守住的道德品质底线。这种不择手段去赚钱的下场只会适得其反。

有些人在挣到大钱后，突然发现自己陷入了困境：有的是身体出了问题，如突发脑出血或心肌梗死去世；有的是在赚钱过程中越过了法律界限，最后进了监狱，得不偿失。

所以，每个企业家在发展过程中都需要认真思考一个问题：正确的快是怎样的？

当我们目标正确、行为正确时，加快速度做任何事情都是没有问题的。或者你知道停下来反思休整，那也是没有问题的。最怕的是只顾勇往直前，却不知道如何停止。

这个道理是王卫在一次滑雪中总结出的。王卫发现，在滑雪时受伤甚至出现生命危险的人，往往都是在还没有掌握滑雪技巧，或者掌握了滑雪技巧却不了解雪道的情况下，就鲁莽地往山下冲，却不知道如何停止。因为山道复杂、拐弯较多等，最后很可能发生意外，甚至丢了性命。因此，快的前提一定是自己能够把控过程。当你滑雪水平很高并熟悉雪道之后，你在雪道上怎么滑都没有问题，因为你知道如何停下来、如何避开危险、前方是什么状况，这时放开速度滑雪就会给你带来非常好的体验。

在物理学上，快和慢是一对相反的概念，但王卫在经历了20多年的经营生涯后反而认为，在企业经营中，这二者是可以结合起来的。当发现自己工作非常劳累时，就应该停下来休息一下，劳逸结合；当发现自己一头栽进挣钱中，以至于不惜一切代价时，一定要停下来认真反思如何正确地挣钱；当企业赚了很多钱时，就需要思考一下如何把赚到的钱用到正确的地方。在王卫看来，一家企业，只有在快与慢有机结合且充满智慧的情况下，才能发展壮大。

失败是危机，更是成功的战机

2014年是O2O创业风行中国的一年。2014年5月18日，全国518家“嘿客”店同时开业的消息占据了当日几乎所有互联网行业新闻的头条。携带着与“黑客”同音的嘿客，顺丰涉水O2O，尝试“便利店+电商”的模式。

最初的嘿客，是为解决社区物流终端“最后一公里”而出现的，主要模式就是在店内展示商品，然后引导顾客到线上下单消费。

对于这一模式，顺丰控股上市方案中解释称，顺丰优选负责线上销售，嘿客门店负责线下体验和流量引入，希望可以借此充分发挥顺丰快递的时效和质量优势，推动物流和商流的协同发展。

嘿客便利店除了提供顺丰的快递业务和虚拟购物服务，还具备ATM存取款、冷链物流、团购预售、试衣、洗衣、家电维修等多项功能。

嘿客是顺丰O2O的“敲门砖”。但仅仅两年后，嘿客就慢慢淡出了公众的

图9-2　顺丰嘿客店面

视线。前文说过，2016 年 10 月，顺丰嘿客、顺丰家同时被淘汰，如今顺丰线下零售门店品牌形象全面更换为顺丰优选。

嘿客无疑是失败的，不仅让顺丰亏损了 10 多亿元，也让整个顺丰品牌和王卫的个人能力遭到了不少非议。事实上，顺丰在零售市场的发展仍在继续。嘿客的失败，在王卫看来，正是寻找定位和核心竞争力的良好契机。

所谓的失败，在一般人看来或许是巨大的灾难，但对于成功的创业者来说却是一笔巨大的财富。失败虽然是危机，但并不可怕。如果能从失败中总结教训，知道为什么失败，从失败中找出成功的方法，那么，失败也是一种战机。

“发明大王”爱迪生在试制电灯灯丝的过程中，试验了几千种材料。有人说他失败了几千次，他说：“不，起码我知道有几千种材料不能用作灯丝。”对于这样伟大的发明家来说，同样一项试验，站在一个角度可能是失败，站在另一个角度则可能是成功。甚至可以说，失败正是在为成功铺路。

X 光的发现源于一次试验失败，可口可乐的发明源于一次配方失败，但这些失败的人最终从失败中受益无穷，最根本的原因就是他们对失败追根溯源。

也就是说，知道为什么失败，就是找到了成功的战机。

1958年，富兰克·卡纳利在自家杂货店对面经营了一家比萨饼屋，以筹集自己的大学学费。19年之后，卡纳利拥有了3100家连锁店，总值3亿美元。而如今，这家连锁店在全球已有上万家店面，价值几百亿美元。它的名字就叫作“必胜客”。

用卡纳利的话说，必胜客的成功归因于他从失误中学得的教训。在俄克拉荷马的分店失败之后，他知道了选择地点和店面装潢的重要性。在纽约的销售失败之后，他做出了另一种硬度的比萨饼。当地风味的比萨饼在市场出现后，他又向大众介绍芝加哥风味的比萨饼。

卡纳利失败过无数次，可是他把失败的教训变为了成功的基础。卡纳利给创业人的忠告是：“你必须学习失败。”他是这样解释的：“我做过的行业不下50种，而这其中大约有15种做得还算不错，那表示我大约有30%的成功率。可是你总是要出击，在失败之后更要出击。你根本不能确定自己做什么会成功，所以就必须先学会失败。”

美国科学院院长布鲁斯·艾尔伯兹在访华期间曾经应邀为《科技日报》的读者撰文。他这样写道：“在我来华访问期间，多次有人让我解释，美国的科学为什么能取得如此辉煌的成就。答案可能多种多样，但中国人容易忽视这样一个影响因素，就是美国社会尊重失败。美国人尊重那些渴望成功、努力挑战困难的人，即使他们输得灰头土脸。对于那些优秀而雄心勃勃的计划，即使偶尔失败了，也不以为耻。科学要探索，就会有失败。”

失败是登上成功顶峰的阶梯，这个道理并不是每个人在一开始就能懂的。人只有在经历失败之后，才会发现不足、获得提高。正如王卫所说：“失败是危机，但更是成功的战机。”

危机中寻找生机，绝望中寻找希望

如果说嘿客是一个彻底的失败，那么融合了嘿客、顺丰家的顺丰优选就是王卫从失败中汲取经验教训后的最大希望，因此，他才会在顺丰内部大会上对员工说：“顺丰优选是一个不能失败的项目。”即便如此，顺丰优选的成长也并非一帆风顺，在很长一段时间内都处于进退两难的境地。

事实上，含着金汤匙出生的顺丰优选刚推出的时候，运营情况就不是很好。当然，这也与大环境有关系，当时其他快递同行的电商之路也都走得很不顺畅。除了中国邮政与 TOM 集团合资的邮乐网发展尚好，申通的“爱买网超”上线不到两个月就宣告失败，中铁快运商城、顺丰 E 商圈、E 购宅急送的运营情况都不理想。

不过，向来极具危机意识的王卫对于顺丰优选却是早有规划。这一点，从第一次的换帅风波中就可以略窥一二。

顺丰优选第一任 CEO 刘淼在上任 5 个月后就退位了。刘淼在任时曾坦言：“原计划开通北京业务后，将开通上海、广州等业务，并大刀阔斧地加速扩张。但上线几个月以来，并没有得到想要的成绩。我以为凭借顺丰的品牌，成绩至少不是现在的样子。”

由此可见，顺丰在快递上的品牌效应并没有延伸到终端的零售市场，电商的本质还属于零售业，配送优势并不足以构建核心竞争力，顶多算是锦上添花。

刘淼卸任后，时任顺丰集团副总裁的李东起走马上任。接手顺丰优选后，他在战略上作了很大的调整：第一，重新定位顺丰优选，扩充品类，继续增加SKU（库存量单位），这无疑迎合了消费者的多样化需求。第二，深入整合物流和配送服务，共享了顺丰航空、干线等资源。第三，强化配送队伍的“作战”实力，配送团队和配送设备独立运营，标配冷藏车，为了完善售后服务，每位客户代表标配一台 iPad。这次战略调整效果十分明显，不到 3 周，顺丰优选网站的流量涨幅就接近 100%。与此同时，其他竞争者的流量却下滑 20%~40%，可谓初战告捷。

当然，顺丰优选和最终的成功还有距离，存在的问题依然不少，并没有彻底摆脱进退两难的境地，但是王卫并没有放弃，一直在寻找生机。一方面，他在管理层上寻找最佳人选，截至目前，顺丰优选已经四度换帅，这虽然折射出顺丰优选的困局，但也体现了王卫的决心和信心。另一方面，王卫也在加强与电商巨头的合作，希望以此打开局面，尝试落户天猫。

王卫之所以执着于顺丰优选，除了大战略上的考虑，也与他的性格有关——在危机中寻找生机，即使面对重重困境，也绝不轻言放弃，即使身陷绝望，也从不放弃寻找希望。

《在绝望中寻找希望》是新东方创始人俞敏洪的一本励志大作。在这本书中，俞敏洪讲到了自己一生中的两次绝望。

第一次是高考失败。当时，俞敏洪并没有什么远大的志向，作为一个农民的孩子，离开农村到城市生活就是他唯一的梦想，而高考在当时是离开农村的唯一出路。然而，因为知识基础薄弱等，俞敏洪第一次高考失败得很惨，英语才得了 33 分。第二年，他又考了一次，这次英语得了 55 分，有进步，却依然名落孙山。通过高考的失败，俞敏洪最想说的就是，成长路上即使一时陷入绝望，也不要放弃希望。一是坚持的重要性，因为坚持是成功的基础；二是能力和目标成正比，能力增加了，人生目标自然就提高了。第三年，他坚持考，最终成功考进了北大。一开始，俞敏洪并没有想考北大，师范大专是他的最高目标，但高考分数上去了，自然就进了北大。这是俞敏洪第一次从绝望中寻找到了希望。

第二次让俞敏洪刻骨铭心的绝望是留学梦的破灭。20 世纪 80 年代末，中国出现了留学热潮，俞敏洪的很多同学和朋友都相继出国。在家庭和社会的压力下，俞敏洪也开始动心。1988 年，他托福考了高分。可就在他全力以赴为出国而奋斗时，动荡的 1989 年导致美国对中国缩紧了留学政策。之后的两年，中国赴美留学人数大减。再加上俞敏洪在北大的学习成绩并不算优秀，赴美留学的梦想在努力了 3 年半后付诸东流，一起逝去的还有他所有的积蓄。为了谋生，俞敏洪不得不去兼职教书。

当俞敏洪最终不得不离开北大的时候，他的人生似乎是到了真正绝望的地步。但正是在对留学的绝望中，他找到了新的希望。尽管没有面子在北大继续待下去，但因为对出国考试和流程了如指掌，他对培训行业越来越感兴趣，也越来越熟悉。于是。俞敏洪抓住了他生命中最大的一次机会，创办了北京新东方学校。

由此看来，世界上没有让人绝望的处境，只有对处境绝望的人。所谓绝望，往往都是人在恐惧不安的时候想象出来的。希望总会有的，只在于你愿不愿意去坚持和努力。若你执意闭上双眼，就算希望近在眼前也毫无用处。不管身处何种绝望的境地，都要像王卫、俞敏洪那样，不要主动放弃希望，多走一步，也许就会看到不一样的景色，找到不一样的出路。

第 10 章

服务：客户虐我千百遍，我待客户如初恋

服务，是全世界最贵的产品。

做企业，不是盯着对手如何强大、如何做生意，而是盯着客户。每天对客户了解多一点、服务好一点，每天站在客户的角度去考虑，做好自己的口碑。这正是顺丰一直遵循的服务之道。

客户第一，永远把客户放在第一位

企业的财富源于客户，任何一家企业离开了客户，都无法生存。对于一名企业家来讲，只要拥有足够多的客户，他就一定会成为他所在行业的大赢家。而对于员工来说，只有全心全意为客户着想，将客户放在第一位，为客户创造最大的利润，才是对自己、对老板和对公司最负责任的做法。

联邦快递是世界闻名的大企业，也是顺丰一直以来的学习对象。来看一则关于联邦快递的案例：

一天，联邦快递的一位调度员接到一个客户的电话，该客户说自己是一位马上就要步入教堂的准新娘，她正在等待从别的城市快递来的婚纱。

但是，直到婚礼前一天婚纱还是没有寄到，她打电话询问后才发现，因为地址填写错误，婚纱被送到了别的城市。这位准新娘在电话里大哭不止，完全不知道该怎么办。

那么，这位调度员该怎么做呢？他马上打了一连串电话，动员全美各地的联邦快递调度员一起来帮忙寻找这件失踪的婚纱。最后，在一个遥远的城市找到了这件婚纱。之后，他又致电联邦快递总部，申请出动专用运输飞机，终于赶在婚礼开始前将婚纱送到了这位新娘手里。

这次昂贵的快递行动充分体现出联邦快递“客户第一”的服务理念。而且，毫无疑问，参加这场婚礼的绝大多数宾客以后都会使用联邦快递。

顺丰也始终坚持“客户第一”。顺丰的核心价值观之一就是成就客户：客户为先，创造极致的服务体验；随需而变，成就卓越的客户价值。

网络上有个让人哭笑不得的段子：某位客户打电话投诉顺丰快递员，原因是他让快递员一大早上门拿件，结果一过 6 点，顺丰快递员就来了。客户投诉道：“你们快递员来得实在太早了，打扰了我的好梦。”这是什么？这就是客户第一，永远把客户放在第一位。如果你觉得这个例子不具有广泛意义，那你可以尝试联系顺丰客服下单，不出 15 分钟，必定会有快递员与你联系确定收件时间。

知乎上有一则“顺丰为什么成功”的提问，有一条回答是这样的：客户所在小区物业限制快递进入，而客户在家带小孩不方便出去拿快递，顺丰快递小哥便软磨硬泡说服物业管理人员让他进入小区送货，并在客户没有要求的情况下，主动帮助客户搬运货物至电梯。

顺丰快递员的工资高是众所周知的，但顺丰并不是只有高薪的诱惑，更有高压线的威慑——越过了“客户第一”这条线就会被严厉惩罚，情节严重的，直接予以开除。

顺丰将“客户第一”的服务理念真正落到了实处，难怪国家邮政局发布的邮政投诉率榜单上，顺丰总是最后一位。正因为顺丰始终把客户放在第一位，才有了最令人满意的客户体验。

经营者应该向王卫学习，在脑中不断强化“客户第一”的认识，只有这样才能在竞争激烈的商业社会求得生存。毕竟，离开了客户的认可，无论你在别的方面做得多好，都只是无用功，都不可能取得最终的成功。

重视细节，把服务落到实处

在带有服务性质的快递行业，员工能够给客户提供怎样的服务，决定着客户未来的选择方向。做服务行业的人都知道，客户在细节上的体验，能够成为企业超越同行的决定性竞争力。最终决定客户选择的，也就是那些细节。因此，在细节方面，顺丰往往会比其他公司多考虑一些。而在产品同质化严重的当下，在细节上多考虑一下，赢得客户的机会自然就会大一些。

顺丰对细节的重视，前文其实多有提及，如顺丰高度重视员工的个人形象，人员着装统一、工具统一，连服务口径也是统一的，还有客户收货签字后，顺丰员工第一时间记录收件时间和收件人，等等。

这些细节曾让顺丰的口碑远远高于同行。事实上，这些细节是很容易复制的。尤其是在经历了劳动密集型的粗放阶段后，伴随电子商务蓬勃发展的快递行业也开始向技术密集型、服务密集型转变。那么，此时顺丰又是怎么做到细节制胜的呢?

2016 年 3 月，一则招募“顺丰体验官”的广告让许多快递业界人士眼前一亮。原来，顺丰体验官是顺丰探索细节服务模式的新尝试。“每天为数以万计的人提供服务的我们，需要改变出了问题找上门的被动沟通方式，直接去获取用户的‘无损声音’，从而推动产品和服务的提升，这是我们设立顺丰体验官的初衷。”顺丰某高层人员如此解释。

在互联网飞速发展的现代社会，“用户体验”是一个经常被提及的词。在餐饮旅游行业，“试吃员”“试睡员”早已经出现，并引起了大众的浓厚兴趣。可在快递行业，这显然还是一个非常崭新的事物。有物流界资深人士认为，顺丰体验官事实上是企业的“主动性服务”，通过广泛招募体验官，企业不仅能与消费者建立起日常化的沟通，随时了解其场景下的需求，也能将问题前置，在真正面对客户时更细节化地解决问题、改进不足。这种细节服务的主动性对企业和用户都是一种进步。

顺丰招募的体验官其实有着明确的目标群体——“服务型消费者”。这些消费者对细节具备敏锐的洞察力或者对恶劣的服务“司空见惯”，不管是服务中的亮点还是缺陷，甚至是一些细枝末节，他们都能发现，但想要分享或者倾诉又无处可说，“现在我们通过顺丰体验官计划的实施，就是为顺丰客户开拓了这样一个渠道”。顺丰招募体验官的消息传出后，有超过数万人报名参加，通过线上、线下一系列的交流和活动，顺丰客户体验中心直接与体验者沟通，仅日常反馈文件就收到了 300 多份。

需要指出的是，与“试吃员”“试睡员”不同，顺丰体验官更加重视细节。一是细节化的反馈报告。在对顺丰服务进行体验后，顺丰体验官们会反馈较详细的报告，包括体验过程中的情景陈述、常见问题、改进建议等。二是让体验官参与服务生命周期的各个环节。如在服务最初，通过线上征集和线下工作室等形式，工作人员与体验官进行头脑风暴，了解他们对新产品和服务的看法和建议，从而获得改进和创造的灵感。三是让体验官成为口碑传播者。顺丰工作人员在调查中发现，体验官往往有更强的意愿去了解和学习顺丰的业务，也更愿意向身边的朋友推荐最好的顺丰服务。“比如他们会告诉身边朋友什么情况下可以用顺丰次晨、什么情况下用顺丰即日，这是专业度比较高的推荐。”顺丰工作人员如是说。

顺丰体验官是顺丰在细节服务方面的一个大胆尝试，充分体现了顺丰对细节服务的重视。事实上，不只是顺丰和王卫，任何一家企业，任何一个企业经营者，要想使自己的产品给客户留下深刻且良好的印象，都要注意服务的细节问题。

来看商业史上的一个著名案例。

一天下午，日本东京奥达克余百货公司的售货员彬彬有礼地接待了一位来买唱机的女顾客。售货员为她挑了一台未启封的“索尼”牌唱机。事后，售货员清理商品时发现自己错将一个空心唱机货样卖给了那位女顾客。于是，她立即向公司警卫作了报告。警卫四处寻找那位女顾客，但不见踪影。经理接到报告后，觉得事关顾客利益和公司信誉，非同小可，马上召集有关人员研究。他们只知道那位女顾客叫基泰丝，是一位美国记者，还有她留下的一张“美国快递公司”的名片。凭借仅有的线索，奥达克余公司公关部连夜开始了一连串近乎大海捞针的寻找。先是打电话，向东京各大宾馆咨询，毫无结果。后来又打国际长途，向纽约的“美国快递公司”总部查询，深夜接到回话，得知基泰丝父母在美国的电话号码。接着，又往美国打国际长途，找到了基泰丝的父母，进而打听到她在东京的住址和电话号码。公关部忙了一夜，总共打了35个紧急电话。

第二天一早，奥达克余公司给基泰丝打了道歉电话。几十分钟后，奥达克余公司的副经理和提着大皮箱的公关人员乘着一辆小轿车赶到基泰丝的住处。两人进了客厅，见到基泰丝就深深地鞠躬，表示歉意。除了送来一台新的合格的“索尼”唱机，又加送畅销唱片一张、蛋糕一盒和毛巾一套。接着副经理打开记事簿，宣读了他们通宵达旦查询她的住址及电话号码、及时纠正这一失误的全部记录。

基泰丝深受感动，她表示自己买这台唱机，是准备作为见面礼，送给住在东京的外婆。回到住所后，她打开唱机试用时发现，唱机没有装机芯，根本不能用。当时，她火冒三丈，觉得自己上当受骗了，立即写了一篇题为《笑脸背后的真面目》的批评稿，并准备第二天一早就到奥达克余公司兴师问罪。没想到，奥达克余公司纠正失误如同救火，为了一台唱机花费了这么多的精力。这些做法使基泰丝深为敬佩，她撕掉了批评稿，重写了一篇题为《35 次紧急电话》的特写稿。

《35 次紧急电话》登报后，引起了强烈反响，奥达克余公司因一心为客户着想而闻名商界，生意一下子火爆起来。后来，这个故事被沃顿商学院推荐为细节服务的典型案例。

客户服务无小事。企业经营者如果发现产品有不合理的现象，哪怕是看上去微不足道的问题，也要立刻设法铲除，不可姑息。对服务也是如此，不要对服务上的小毛病讳而不宣，等到消费者觉得不满时，经营之路很可能就此堵塞了。这绝不是危言耸听！

提升硬件，走有顺丰特色的信息化之路

作为物流细分行业之一，快递为客户提供“门到门”的服务，其从收取到派送的过程覆盖物流行业的所有功能和环节，包括运输、储存、装卸、搬运、包装、流通加工、配送、信息处理。其中，各种信息的处理是快递核心业务的关键需求，直接影响服务能力和服务质量。在信息化建设方面，顺丰一直走在民营快递前沿，为其客户服务提供了最完善的保障。

早在 2000 年前后，考虑到市场需要，王卫就引入快递行业所需的简单系统，开始了信息化进程，并逐渐形成了具有顺丰特色的信息化思路，即以快递

全部环节为主体，逐步推进信息化。王卫一直将信息化建设作为顺丰发展的基础，并将其提升到企业战略高度，制定了全面的企业信息化发展规划。

除此之外，顺丰还坚持以自主研发为主、国外引进为辅的策略，建立了适应自身与行业发展的信息化系统。可以毫不夸张地说，正是对信息化的高度重视和全力推进，才成就了顺丰在消费者心目中的形象。

在信息化建设方面，顺丰先后上线了 HHT 手持终端、全 / 半自动分拣系统、呼叫中心、营运核心平台系统、客户关系管理系统、GPS 全球定位系统和航空管理系统等先进的软硬件设施设备，在国内实现了对货物从下单到派送的全程监控、跟踪及查询，并全部采用全自动与半自动机械化操作，优化快件的操作流程。

在信息化综合集成的基础上，顺丰根据物流快递的行业特性，提出了快件全生命周期的概念，据此进行信息化的模式创新。快件生命周期包括 5 个组成部分：客户环节、收派环节、仓储环节、运输环节、报关环节。目前，顺丰各

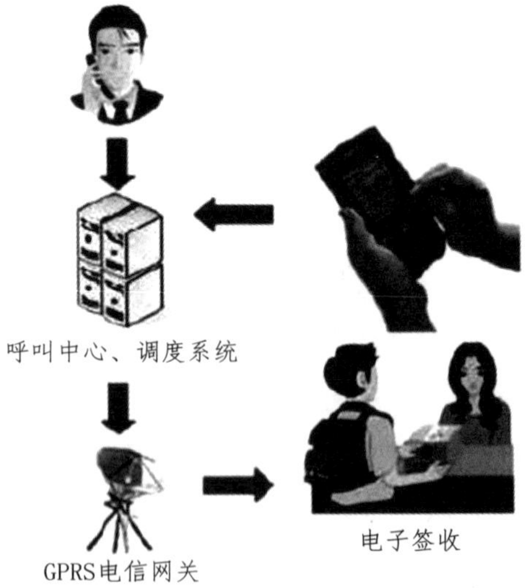

图10-1　顺丰信息化系统

个环节的信息化应用都已经取得显著成果。

首先是客户环节。在很多人看来，客户环节在整个快递过程中并不是很重要，但王卫却不这么认为。在他看来，没有客户就没有顺丰的业务，没有客户的反馈，就没有顺丰的提高。因此，王卫十分重视客户环节。目前，顺丰的呼叫中心已经做到每一个电话都可记录对应的通话原因，每个客户投诉也都有十分完整的处理流程。通过客户数据库和呼叫中心系统数据，顺丰客服人员可以很有信心地处理 90% 的客户来电，从而降低了呼叫中心员工的工作压力，帮助员工提高了工作绩效。

收派环节是快递的重中之重，是客户直接与工作人员和快递公司对接的核心环节，直接影响着顺丰在客户心目中的形象。在这个环节，顺丰主要靠的是手持终端系统——巴枪。巴枪的最大优势就是减少人工操作中的差错和提高操作人员的工作效率，目前顺丰使用的手持终端系统第七代巴枪，使收派员的工作效率提高了 30% 以上。

在仓储环节，顺丰的全自动分拣系统发挥了非常大的作用，能连续、大批量地分拣货物，而且不受气候、时间、体力等的限制。自动分拣系统单位时间分拣件数多，每小时可分拣将近 1 万件包装商品，如用人工则每小时只能分拣 150 件左右。分拣人员也无法保证在这种劳动强度下能连续工作 8 小时。此外，自动分拣系统的分拣误差率也非常低，分拣误差率主要由所输入分拣信息的准确性来决定，顺丰的全自动分拣系统采用的是条形码扫描输入，除非条形码的印刷本身有差错或者损坏，否则不可能出错，系统识别准确率高达 99%。

在运输环节，起决定作用的是 GPS 定位系统，能对车辆进行动态控制，完成运输过程的透明化管理，可以对运输方案、车辆配置及时进行优化，将运输成本降至 25% 以下。

在报关环节，针对有跨境业务需求的客户，顺丰会为客户提供“一站式”代理报关的服务。

除了以上这些环节，顺丰立足长远，放眼移动互联网的未来趋势，为网购客户提供了周到的服务。在这方面，顺丰通过信息化，与网购客户的电脑、手机系统实现准确对接，同时以安全、快速的客户体验赢得了网购卖家和买家的逐步信赖，很大程度上改变了客户网购的使用习惯。

例如，对顺丰优选的运营商，王卫就非常注意其硬件设施，提供了可以冷藏、冷冻、零度保鲜的机器，送货员标配了最新的 iPad。送完货后，送货员拿出 iPad，顾客可以通过 iPad 进行收货处理，还能在体验产品之后立即给出反馈。

有位顾客在使用顺丰优选后兴奋地表示："配送的员工是蓝衣黑裤的打扮，还配备了非常时尚的背包，一下子就让我有种走在了时尚前沿的感觉；其次，送货员诚恳地要求我开箱验货，确认货物质量，让我感觉非常舒心，一些快递企业的员工在送货时根本不让人验货，一对比，高下立现；每名送货员还配着一名司机，两人一同来为我送货，让我有种优越感；当我在输密码时，送货员会自动转身，我也感到放心；收货完毕之后，送货员还拿出 iPad 让我给出评价和确认收货，太方便了！"

现代社会，随着人们生活水平的提高，越来越多的人除了看重商品本身，更加追求周到的服务和使人心情愉快的消费体验，为此即使多花点钱也愿意。为了实现这样的要求，王卫不惜投下重金为送货员配上 iPad，以此让顾客享受到周到贴心的服务。

总之，在提升硬件水平后，顺丰的服务效率大大提升，在节省了大量人力开支的同时，也迅速提升了其口碑，使其真正成为发展最快的快递企业。速运之名，名副其实。同时，顺丰通过提高信息化水平，内部成本显著下降，人均效能持续提高。

病毒营销，让客户主动为你传播

在当今这个信息大爆炸且严重过剩的互联网时代，我们为什么会忘掉一些、记住另一些？微信公众号里，为什么有的文章点击率超过十万，而有的文章却无人问津？为什么某些视频被疯狂点击，某些产品会火爆全国？为什么某些新闻能够迅速蔓延传播？在这个人人都能成为内容创造者和传播者的互联网时代，任何信息和产品都有可能像病毒一样侵入消费者的大脑！这就是风靡全球商界的“病毒营销”理念。最近几年,这股“病毒旋风”已经开始席卷中国，众所周知，小米手机之所以能迅速崛起，媲美苹果、三星，靠的就是这种营销模式。

病毒营销，顾名思义，就是比喻消息的传播如同病毒的传播一样疯狂。它利用公众的积极性和人际网络，让营销信息像病毒一样深入人脑，快速复制，广泛传播，将信息在短时间内传向更多的受众。

也就是说，病毒营销是通过提供有价值的产品或服务，“让大家告诉大家”，通过别人为你宣传，实现“营销杠杆”的作用。

病毒营销已经成为网络营销最为独特的手段，被越来越多的商家和网站成功利用。而顺丰正是用自己的服务，通过病毒营销打下了一片江山。

最初创立顺丰时，王卫应该没有想过要使用这种营销方式，他只是不断地想着如何能送出去更多的货，如何做到别人没有做到的事情。可是，随着顺丰的成长，王卫终于发现自己根本不需要在广告宣传上花太多的功夫，只要打造出不同于其他快递企业的独特性，就能够脱颖而出。

这其实也是病毒营销的一个优点。通过病毒营销将公司品牌植入人们的生活，就无须在广告、宣传等方面费太大的力气，还能节约大量资金。

除此之外，病毒营销还有很多别的优点。例如，病毒营销本质上是靠用户之间的互相交流而不断传播，所以传播的范围比其他营销方式要广很多，可以使企业品牌被更多的人熟知。还有，在互联网时代，信息传播更加快速，人们一旦遇到好的产品就会主动推荐给身边的亲朋好友、同一个圈子里的其他人。高效快速的信息传播方式也使病毒营销变得越来越简单便利。

王卫通过认真研究发现，在产品越来越趋于同质化的现代商业社会，病毒营销主要靠的还是一家企业所能够提供的服务，通过高质量的服务打造自己的独特竞争力。王卫在提高服务质量上下了很大的功夫，凡是能够完善服务质量的事，他都会毫不犹豫地去做。而且这些服务又能够带来更多的用户、更大的利润。何乐而不为呢？

如何打造高质量服务？王卫在这方面作了许多考量。首先，主打一个“快”字，推出自己的“速运”特色；其次，打造独一无二的服务体系；最后，提升效率，在效率上胜过同行。通过这些措施，王卫顺利地打造出适应用户需要的服务体系，适应了病毒营销的要求。

在病毒营销的概念里，首先，人们传播的服务或者产品要有特别出众的特色，最好能够让每个顾客用一句话概括出来。万一内容过长，或者最直观的感受很难描述，顾客就会失去耐心，不愿意再去传播。其次，服务质量一定要以顾客为中心进行考量。病毒营销是顾客自发的行为，没有任何金钱或者利益驱使，因此，前提是要让大部分顾客感受到优质的服务，如此，自然会带动更多的“传播者”。

为了让顾客享受到更优质的服务，王卫在员工管理上也花了很多的心思。目前，顺丰实行的是员工评分制度，员工每个月每增加 1 分，该月的绩效奖金就能提高 10%，最高限度是 10 分，超过 10 分则可以优先享受升级、加薪、晋级等待遇。相对地，若是扣 1 分，绩效工资就会降低 10%。由于这项制度与员工的工资直接挂钩，因此许多员工都会为了加分而不断努力。

那么，怎样才能得到更多的加分呢？按照顺丰《员工手册》中的描述，最容易得到加分的就是良好的服务。服务好的员工，业务就好，自然也就能够拿到更多的订单，从而获得更多的回报；同时，公司也会看到其分数不断往上涨的成绩单，从而对这个员工的工作作出肯定的评价，若是能够受到区部或者总部的表扬，这名员工的积分就能增加 3 ~ 5 分。

如今的顺丰有几十万名员工，能够在业务上达到很高水准的毕竟只是少数，因此更多的人会偏向于更简单易行的加分方式。顺丰《员工手册》里明确记录了这样一条通过服务加分的方式："注意仪容仪表，讲究礼节礼貌，言行文明，受到客户书面表扬并经证实的。"为了拿到更多的分数和收入，顺丰员工在这方面下了很大的决心，也作出了巨大的努力。

病毒营销优点很多，但也存在着一些问题。

首先，目前国内的病毒营销模式在对消费者心理的把握上还是比较欠缺。顺丰在这一点上做得是比较好的，能设身处地为客户考虑，但国内其他民营快递企业的送货员却很少能做到这一点。

其次，市场上的一些病毒营销常变相为网络病毒。有些极端的商家为了争取更多的客户，几乎无所不用其极，如通过网络插件强迫客户的电脑自动打开某些固定的电脑页面。这种方法只会适得其反，让客户从此对这个商家敬而远之。

最后，目前国内病毒营销的模式比较单一，没有固定的传播群。现在已经到了一个拼产品、拼服务的时代，消费者一旦看到更好的商品、更好的服务，就很可能抛弃原来使用的产品。如何更好地留住顾客的心，成了现代许多企业的思考方向。

顺丰自然也是其中之一。面对“四通一达”逐渐追上来的服务，面对着越来越严峻的竞争形势，顺丰的确应该好好思考下一步的做法了。退一步讲，就算国内民营企业的竞争威胁还不大,但电商巨头的介入和国际巨头的虎视眈眈，也会促使顺丰不断前进。

第 11 章

聚心：只有文化，才能吸引、塑造员工

吸引员工难，留住员工更难。

每一个员工的离职都会给企业带来一定损失，没有企业希望承担员工频繁流动带来的巨大离职成本。那么，如何才能吸引并留住员工呢？拥有几十万名员工的顺丰，给出的答案简单而深刻，就是用企业文化吸引、塑造员工。

用企业文化吸引、塑造员工

企业文化是全体员工衷心认同并共有的企业核心价值观念，规定了人们的基本思维模式和行为模式，是一种不需要思辨就能够表现出来的东西，一旦违背就会感到不舒服，而且这些思维模式和行为模式还应该在新老员工交替的过程中具有延缓性和保持性。一家优秀的企业，就要创造一种能够使企业全体员工衷心认同的核心价值观念和使命感，一个能够促进员工奋发向上的心理环境，一个能够确保企业经营业绩不断提高和积极推动组织变革与发展的文化氛围。

要想造就世界上真正不同凡响的企业，关键要靠企业文化。世界500强企业管理演变的历史证明，那些能够持续成长的公司，尽管其经营战略和实践活动总是不断地适应着变化的外部世界，但却始终保持着稳定而强大的企业文化。明确的经营哲学、共同的价值观念和行为准则，使企业与员工休戚相关、荣辱与共。实践证明，企业文化的建立对一家企业的发展影响极大。有学者断言，21世纪，企业文化是决定企业兴衰成败的关键因素。

王卫极为重视顺丰企业文化的打造。在他看来，人有梦想，才有追求，有追求，才会有自己的价值观；企业也是如此，有文化作支撑，才会持续发展。

具体谈到企业文化时，王卫是这样说的：

可能在某些人眼中，企业经营，只要业绩好就可以了，价值观、企业文化就那么回事，说来说去就那几句话，不过是因为别的企业有，我们也要有而已。我不完全这么认为。赚钱是为了公司的持续发展，为员工提供更好的发展平台，同时养活一些员工的家庭。当温饱不成问题时，我们要思考人活着的意义是什么？

顺丰是一家民营企业，我们做事不是为了向谁有个交代，但我们要对得起自己的良心，对自己有个交代。我这一辈子做得最有意义和正确的一件事就是：让顺丰成为一家有良知、负责任的民营企业。我们这一批顺丰人，没有依靠政府的资助，没有坑蒙拐骗，而是老老实实、一步一个脚印，通过大家的共同努力走到现在。我的梦想就是：若干年后，顺丰成为民营企业成功的一个案例。我们是一群坚信诚信价值观的顺丰人，我们不为短期利益出卖自己，我们是能够干成大事的。当我的人生走到终点，这将是我自己最大的满足。成败不重要，关键是要有一种精神，这种精神是大家都认可的，能把大家凝聚在一起的。

我觉得，顺丰的企业文化正是源自这种正直、诚信、有责任感所体现出来的气质——我们要做堂堂正正的中国人！大家要真正认识我们的价值观，这种价值观是真正能支撑我们实现梦想的，从而理解企业在做什么，为什么这样做……并在理解的基础上行动起来。

或许有人不认同王卫的观点，说现在是一个急功近利的时代，在大多数人都奉行一切以利益为重的准则时，谈企业文化和价值观太过虚无、不切实际。可为什么不反过来想一下：如何干活才能更好地赚到钱？或者说你就不想让自己的事业变得有点意义？机械化地干活赚钱谁都会，可是意义在哪里呢？很多人在开始创业时信心满满，可为什么坚持没多久就放弃或者走入岔路了呢？顺丰又为什么能从一家只有6个人的小公司发展到现在这种规模呢？细究起来，这其中的原因很可能就在于价值观、企业文化。

一家企业拥有优秀的企业文化，就能够影响员工的精神面貌，并最大限度地激发员工的工作热情，使其努力工作以实现个人价值，从根本上改变员工的工作态度，以主动做事代替被动做事，以“我要干”代替“领导要我干”，以主动积极代替推卸拖延，让自身不断成长，助企业不断壮大。

在企业文化的构成要素中，人是最积极的影响因素，也是最能够受到企业文化影响的因素。王卫认为：“优秀的企业文化总是贯彻以人为本的原则，最大限度满足人的需求，促进人的发展。这就是企业文化的魅力，它能引导员工自觉维护企业精神和信仰的制度与流程，主动自觉地为客户服务。企业员工越多，对企业文化建设的要求就越高。如果我们在企业文化建设上不能有更大的突破，我们的企业愿景、使命和信仰不能赢得员工的一致认可，并最终落实到日常工作中，那么顺丰的发展就将会受到更多的掣肘。”

就如同我们常说的经济基础和上层建筑的关系，员工的生产、工作和精神思想活动推动了企业文化的建设，而企业文化反过来也影响着员工的精神士气，推动着员工精神文化内容的完善。一家有良好文化氛围的企业能够吸引、塑造员工，而员工也会积极响应企业号召、顺应企业发展需求。

正所谓“一流的企业做文化，二流的企业做制度，三流的企业做业务”，靠资本投机取巧不算赚钱，靠人才赚钱才是真真正正赚钱，人才是企业所有资源中最重要的因素。打造一流的企业文化环境，吸引、塑造员工，就能达到这一理想境界。

核心价值观，需要每个顺丰人来践行

核心价值观是企业文化的灵魂和精神所在，是构建企业竞争优势、企业稳健发展的支柱，支撑着企业赢得客户和未来。

在喧哗与躁动的现代社会，只有树立起正确的人生观和价值观，才会少走弯路，甚至不走弯路。人是如此，企业亦是如此。只有建立起风清气正、坚不可摧的核心价值观，企业才能在时代的浪潮中奋起勃发。

顺丰的核心价值观是全体顺丰人的共同信念，也是全体顺丰人的承诺与实践。多年来，顺丰从打造中高端物流体系、提供一体化供应链解决方案，到战略转型、开始国际化的步伐，无一不是受到其核心价值观的指引。正是在核心价值观的指引下，顺丰速运的发展才始终契合时代需求、满足了市场对这家优秀企业的严苛期许。

2016 年以前，顺丰的核心价值观包括以下四点：

- 做一个诚信、正直的人；
- 永远尊重人，信赖团队的力量；
- 客户对我们来说是最重要的，奉献最好的服务；
- 做事认真，勇于承担责任。

不过，在王卫看来，价值观也是需要根据时代的发展进行更新升级的。什么样的文化能够推动顺丰未来的发展，让顺丰在整个国民经济体系中创造更大的价值，或者说获得全社会更高的认同度，这是王卫一直在考虑的。2016年，王卫从物流快递行业乃至整个中国经济发展的大环境出发，对顺丰的价值观体系进行了调整，并发表了题为《顺丰价值观，需要我们每个人来践行》的讲话，以下是根据这次讲话整理的文字。

新版价值观更强调创造价值

目前我们正在大力推广的这个新版价值观（包括“成就客户、创新包容、平等尊重、开放共赢”四个关键词）不是凭空产生的，而是结合了公司以前各方面沉淀基础的创新，有对旧的传承，有对新的发扬，还有对包括管理理念、用人机制等方面在内的一些调整。

要说新版和旧版具体有哪些不同，可能“价值贡献”这一部分区别较大。旧版价值观强调的四点是“尊重、团结、认真、奉献”，而新版没有从“奉献”的角度着眼，这正是与时俱进的表现。因为在我看来，具有好的态度和奉献精神虽然难能可贵，但是在今天这个时代，更加看重的是价值，我们追求的是价值贡献，你态度再好，没有为客户创造价值，也很快会被市场淘汰。

谈到价值观，不得不提的就是我们的诚信基本准则。在顺丰，任何时候这都是一条绝对不能触碰的底线，必须时刻坚守、人人坚守。不过，虽然我们提倡这一底线很多年了，但到现在在践行层面表现依然不尽如人意，不时会有不诚信的案例发生。至于不诚信的原因，除了个人主观层面的，客观上一些公司管理制度或要求不尽合理也是存在的。就拿堪称“老大难”问题的收派员快件滞留作假来说，为什么收派员要这么做？我们的规章制度是不是有不合理的地方，逼得收派员不得不这么做？接下来我们要如何从管理制度和技术手段层面去改进，为收派员同事减负？这是我们每个管理者都要思考的问题。

价值观践行，管理者要以身作则

一个企业能否做大，企业文化很关键。而在高管层面，更要作出表率。首先，其身要正，自己要严格按照公司的价值观要求去践行；其次，要带动团队氛围，用自己的言传身教来感染和带动更多员工。如此，企业文化才能在公司快速有效地落地。相反，如果高管的言谈举止、为人处世不能体现公司的文化和价值观，那么这个企业要想做大做强是会遇到很大阻力的。

曾有公司高管聊天时跟我说："总裁，你做人没有架子，对我们员工也都很尊重，这一点我非常钦佩。"但恰恰是跟我说这个话的人，在对待外部的供应商或者自己的下属时，架子摆得很大，不能体现出人与人之间的平等和尊重。

大家都知道，我这个人是没有什么架子的（不过在面对一些犯了低级错误或者是工作不用心的人时，我的态度不会太好）。公司内部，无论是普通员工还是管理层，公司外部，无论对方是大公司还是小公司，在沟通交流中我都会一视同仁，做到充分尊重别人。对于我们管理层来说，一方面，不要因为现在顺丰发展得不错，在面对比你小的公司时就表现得牛气冲天，也不要在面对另外一些比顺丰大的公司时就表现得很卑微；另一方面，你对自己的老板、上司是什么态度，对自己的下属员工也应该是什么态度。与此同时，遇到错的问题，面对员工要及时指正，面对上司老板也应该直言不讳。

但是目前公司内部的实际情况是什么样？很多人跟公司某些高管打完交道之后又来见我，他感觉反差很大。为什么作为公司老板的王卫这么谦卑，但是他的员工却那么嚣张？难道顺丰的管理是说一套做一套？就我个人而言，是非常讨厌这种充满官僚习气的作风的。

自我修行，共创和谐文化氛围

那么，出现以上情况的原因是什么呢？首先，我认为是培训不够；其次，我们在选人的过程中把关不够严格。但是我认为这些都不能作为借口，一个企业要想做大，前提是要能够做好。而要想做好，员工除了要具备相应的专业技能，自身的综合素质也很重要。这个综合素质就包括基本的文明素养。举个例子，假如你是一个烟民，别人来你的办公室洽谈工作，你烟瘾犯了想抽烟，这时你该怎么做？首先你要问别人抽不抽烟，如果别人不抽你要继续问别人是否介意你抽根烟，如果别人表示不介意，你才可以抽（当然，最好是不要在办公区域抽烟）。但现实情况却是，很多人根本不顾及别人的感受。

说到底，还是个文明意识以及换位思考的问题。更通俗一点说，这种人的表现就是自私。而人一旦过于自私，是做不了什么大事的，就算做大了，也很难长久。当你日常做事都能够顾及别人的感受而不仅仅是从自己的角度出发时，最起码你的痛苦会减少很多。因为在这种情况下，人与人之间的冲突摩擦会少很多。

任何时候，我们都要学会自我修行，这样“自我”两个字在自己的头脑中就会慢慢减少。当大家头脑里的“自我”二字都减少了，这个地方就是“天堂”；而当大家都把“自我”二字看得很重时，这个地方就是“地狱”。

在我看来，价值观是把公司所有员工联系到一起的精神纽带，也是企业生存、发展的内在动力。因此，要想企业能够健康快速地发展，就必须拥有良好的文化氛围和价值观。而顺丰的核心价值观，需要我们每个人来践行。

分析王卫对顺丰新版核心价值观的论述不难发现，王卫想是让核心价值观的内涵通过员工的所想、所行体现出来，形成一股精神力量，深深熔铸在企业的凝聚力、竞争力、生命力之中。在价值观的昭示下，王卫希望正确的处事态度渗透到顺丰每一位员工的心中，凝聚顺丰前进的合力，也希望通过员工的一言一行将企业价值观传递给客户，让客户感知顺丰内外一致的品牌形象，让顺丰在服务中完善、提高自己。

坚守诚信底线：不作假，不欺瞒

诺贝尔经济学奖得主诺思说过："自由市场经济制度本身并不能保证效率，一个有效率的自由市场制度，除了需要有效的产权和法律制度相配合之外，还需要诚实、公正、正义等方面有良好道德的人去操作这个市场。"

美国学者福山在《信任：社会美德与创造经济繁荣》一书中曾预言，21 世纪是诚信的世纪，哪个企业的诚信度最高，哪个企业就会赢得更广阔的市场。

一名顾客走进一家汽车维修店，自称是某运输公司的汽车司机。"在我的账单上多写点零件，我回公司报销后，有你一份好处。"他对店主说。但店主拒绝了这样的要求。

顾客纠缠说："我的生意不算小，会常来的，你肯定能赚很多钱！"

店主告诉他，这种事无论如何也不会做。

顾客气急败坏地嚷道："谁都会这么干的，我看你是太傻了。"

店主火了，他要那名顾客马上离开，到别处去谈这种生意。这时，这名顾客露出微笑并满怀敬佩地握住店主的手："我就是那家运输公司的老板，我一直在寻找一个固定的、信得过的维修店，你还让我到哪里去谈这笔生意呢？"

面对诱惑，不为其所诱，不为其所动，虽平淡如行云、质朴如流水，却让人领略到一种山高海深。这种闪闪发光的品格，正是诚信。

目前，我国的商业环境并没有到尽善尽美的程度，相应地，企业讲诚信就要付出代价。一家不讲诚信的企业短时间内可能会牟取到很大的利益，讲诚信的企业短时间内可能会吃亏，甚至无法生存。但是，我们不能因为受到伤害就放弃诚信，随波逐流。企业家要坚持信念，讲诚信。长期坚持下去，随着时间推移，未来自然会得到更好的回报。当然，诚信不只是关系着企业未来能走多远、能带来多少回报，还关系着老百姓最基本的衣食住行安全，因此，真正有责任感的企业有义务利用品牌的榜样力量为社会诚信体系建设作出贡献。

在对待诚信的问题上，王卫堪称企业家中的典范。早在民营快递的草莽年代，“诚信”就已经成为王卫的经营原则，和“直营模式”一起成为王卫逐步建立顺丰这个快递帝国的两大支柱。顺丰的一位高层回忆道：“当时更多的人是有一笔赚一笔，没有长远的考虑。那些有一笔赚一笔的人，以为自己是经商的高手，其实是假象，随着快递市场的变化，他们都消失了。而像王总这样的人，即便在市场供不应求的时候，仍然一直固守着‘诚信’的理念，所以顺丰才能走到今天。”

王卫在接受采访时，曾讲过自己的一次经历：

在我们公司，除了一些特殊的大客户，都是不允许打折的，更不要说给客户回扣。我就曾经接过一个相识老板的电话，说他的员工反映顺丰的快递速度不行。我对顺丰的速度是比较有自信的，就回答说：“不可能，请你自己亲自寄一下。”之后证实是他的员工给了他错误的信息。但不久他的员工又说顺丰的人服务态度很差，叫也叫不来。我也承认企业做大了，树大难免有枯枝，但还不至于像他说的那么夸张。我让人去调查这件事，结果还没出来，这个老板就收到他的客户的投诉，说一个快件 3 天还没收到。老板很生气，问我是怎么回事，我们一查签收单，发现快件寄出的时间比其员工说的晚一天，原来是老板的员工压了一天没寄。后来老板问我：“下面员工为什么会那么针对你们公司呢？”我只能把公司的规定（不给回扣）讲给他听，那人一听也就明白了。他对下面的人说：“以后不管什么理由，你就用顺丰。”

我们不可能向每一个老板都作解释。在此期间，我们被一些客户忽略了，也因为价格原因放弃了一些客户。但是“路遥知马力，日久见人心”，其实花钱的人永远都是最精明的，发现真正物有所值的服务，只不过是个时间问题。那些不讲诚信的把戏，时间长了就会不攻自破。从长远来看，我们获得的是一批稳定、优质、有价值认同感的客户。

诚信是顺丰用人的第一标准，无论贡献、级别、岗位、事情大小，绝不姑息迁就。

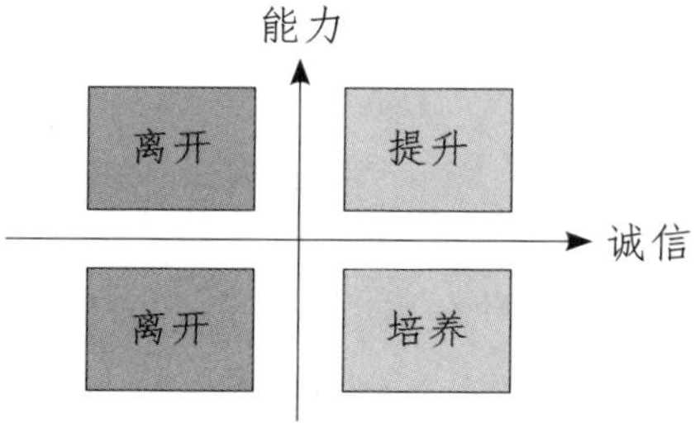

图11-1　顺丰诚信准则

在顺丰的企业文化中，诚信一直是最为重要的部分。王卫将“诚信”定义为顺丰员工的道德基础，是顺丰生存和发展的基石。

对于企业诚信，王卫的要求近乎苛刻，他不允许员工有任何不诚信的行为。例如，在众多公司评价数据中，王卫最重视的是客户满意度数据，这个数据的高低升降直接反映了客户对顺丰的认可度和满意度。

因此，当发现有人在这项数据上弄虚作假时，王卫受到了沉重打击。在公司内部大会上，针对这种现象，他给出了语重心长的忠告：

不管是月度还是年度，从单纯的数字来看，都很亮眼，但是说实话，我并不能真切地感受到我们的服务质量在提升，相反，我认为我们的服务质量在下降。

这件事对我来讲是一个非常沉重的打击。我们顺丰一直把诚信作为员工的基本行业准则，为什么公司内部的一些报表、数据还会出现作假的情况？这个实在是让人难以接受。在这种情况下，我认为我们今年所谓的客户满意度上升是有一定水分的。这些数据，不管你们信不信，反正我是不相信的。

出了问题必须改善。如何改善呢？首先我认为，从客户那里获取的声音必须及时、真实、准确，不然的话我们就不知道客户的真实需求或遇到的实际问题，改善服务也就无从谈起。另外，如果连客户的声音我们都不清楚的话，接下来我们就不能推出更优质或者是附加值更高的新产品、新服务，进而会影响到整个公司战略目标的达成。

所有人都喜欢看好看的数字，但是如果这些好看的数字不真实、反映不了实际情况，那么它的存在又有什么意义呢？我们不需要自欺欺人，更不能对自我进行精神麻醉。真实的口碑来自好的服务。顺丰从成立到现在，差不多有十八九年是没有销售团队的，业务推广靠的就是口碑，客户的口口相传是我们最有影响力的销售模式。现在专业的销售团队已经成立3年多了，但我们是不是把自己的口碑、以口相传的精神遗弃掉了呢？这是所有顺丰人都需要反思的。顺丰的品牌价值必须靠服务质量作支撑。

坚守诚信底线，不作假，不欺瞒。王卫之所以将这种诚信精神放入顺丰的企业文化中，是因为他看到了诚信的力量。王卫说：“通过不诚信的行为便捷地去获利，这不是‘正道’。‘正道’就是尊重客观规律、遵循诚信法则。只有‘正道’才是真正的大道，是稳健、正派、能持久发展的途径。”

热心公益，履行企业的社会责任

企业的社会责任感主要是指企业对待社会的一种责任态度，体现的方式包括为社会作出的有偿与无偿贡献，形式有资助、捐款、由企业出资建造工程，或对灾区的捐助等。

商场上有一句名言叫“小胜凭智，大胜靠德”，意思是说小的成功主要依靠智慧，而将事业做大做强则必须依靠高尚的德行。其实这是一条放之四海而皆准的道理，直白昭示出事业成功所不可缺少的公平、正义、慈善等正面价值。这不仅是因为企业做大以后会受到更多企业和个人的关注，更深层次的原因是这是企业人格化的精神理念和社会信誉的保证。

在这一方面，王卫也堪称典范，顺丰的企业文化之一就是“致力于承担更多的社会责任”。与一些企业家的高调不同，王卫比较务实，从不会将“产业报国”“回报社会”“热心慈善”之类的口号挂在嘴边，而是用行动践行着这样的信念，一直带领员工承担相应的社会责任，在慈善公益方面从没有落下过：

2002 年，顺丰荣获广州市教育基金会颁发的“扶困助学”捐赠证书。

2003 年，为“非典”防治工作捐赠 200 万元；荣获国家民政部“爱心捐助奖”。

2004—2005 年，荣获广东省青少年事业发展基金会“捐赠证书”。

2006—2007 年，投入慈善事业资金共计 250 余万元。

2008 年，“‘5·12’大地震，顺丰在行动”：向汶川地震灾区捐款 1000 万元，捐赠可供 3500 人使用的帐篷，委派 78 名志愿者赶赴灾区参加救助和重建工作；助养地震灾区北川、青川、安县三地的 44 名孤儿至 18 周岁。

2009 年，正式成立广东省顺丰慈善基金会。

2010 年，参加西南旱灾救助项目、青海玉树灾区援建项目、凉山州美姑县爱心班资助项目、少数民族村落水电站建设项目，投入慈善事业资金共计 1650 余万元。

2011 年，资助江西、广东等省份贫困地区的小学援建工作，慈善捐助款数额超千万元。

2012 年，开展莲花助学项目，继续资助多省贫困地区的小学援建工作。

2013 年，积极参与雅安赈灾，为各地赈灾物资提供免费物资运送，累计免运费达 2700 万元；同年，用于教育、扶贫和希望工程上的捐款数额高达 1200 多万元。

……

作为国内首屈一指的民营快递企业，顺丰速运在国内的慈善之举不胜枚举，而且在公益慈善方面的投入一年比一年大，始终坚持将自己的部分收益回馈给社会。这里面尤其需要指出的是王卫和顺丰在汶川大地震中的善举。

2008 年 5 月 12 日，汶川大地震爆发。得到这个消息不到 1 个小时内，王卫就带着顺丰高管成立了"'5·12'地震应急小组"。该应急小组先是对四川地区的员工受伤情况进行了初步了解，成立了临时联络中心，在准确地了解受到地震影响的人员、业务等情况后，以最短的时间作出应对。

当时，王卫对四川网点的负责人说：首先，所有工作的重中之重是保证员工的生命安全，这是一切的前提；其次，在保证生命安全的前提下，作为一家有责任感和有担当的企业，顺丰必须要保证客户快件的安全；公司的财物安全放在最后一位。

在公司正常运转的情况下，顺丰全体员工凝聚起来，为抗震救灾作出了应有的贡献。仅一周的时间，包括顺丰港台地区在内，顺丰向汶川地震灾区捐款 1000 万元。

王卫认为，光捐款是远远不够的。从大地震发生时起，往灾区运送物资就成为除救人外最要紧的事情，而这不正是顺丰的优势吗？于是，王卫马上派出救灾小组，并且通过顺丰官网表示，顺丰将为所有的政府和社会机构免费往灾区运送物资，同时顺丰四川网点每天提供 4 辆救灾专用车。

王卫一直心系灾区。得知灾区人民最缺帐篷时，他就想办法买了许多帐篷送过去，解决了几千人的住宿问题。除了捐钱捐物，顺丰的很多员工也想亲赴灾区帮忙抗灾，但考虑到灾区人越多可能越不好，最后，王卫派出了 78 名志愿者，分 3 批进入灾区，参与救灾和灾后重建工作。

优秀的企业不仅在产品经营上表现优秀，在履行社会责任上也是如此。强烈的社会责任感能够增强企业的影响力，反过来也会促使企业在市场上获得更加辉煌的业绩。就像王卫在顺丰内刊上所言："真正而长远的快乐，是自己快乐，别人也快乐，这是与大家分享时才会有的一种感觉。有钱自己花，也许当时很开心，但都只是暂时的，并不能持久，而拿钱去帮助需要帮助的人，别人在你的帮助下越来越好，你也会非常开心，而这种能量是能够传递的。世界上的能量是一个平衡系统，你付出了什么，回到你身边的也将是什么。"

第 12 章

忠告：成功没有偶然，态度决定一切

成功没有偶然，态度决定一切。

关于成功，王卫如是说：人生有 99% 都无法控制，只有做事的态度可以掌控。选择正确的事并以正确的态度做事，可以弥补其他方面的不足。成功没有偶然，通过正确的做事态度，把未来很多不确定、看似偶然的事情变成必然，才是成功的唯一途径。

任何成功都不会是偶然

在谈到顺丰的发展时，王卫说："坦白讲，我不太相信偶然，为什么会有偶然？因为无知才会相信偶然，突然中了大奖，不知道为什么，就会觉得是偶然。当所有的因果都集中到一起后，你再去比对，你会知道这是必然。我们现在要做的，就是利用顺丰这个不错的平台，把未来很多不确定的看似偶然的东西，变成必然。"

从偶然到必然的过渡，显示出王卫对企业的理解：市场根本不相信成功的偶然性。事实上，不仅是对于企业，在王卫看来，任何成功都不是偶然，通过正确的做事态度，把看似偶然的事情变成必然，才是成功的唯一途径。

王卫的话引人深思。的确，成功没有偶然，也没有理所当然。能够成功的人不是因为他们有多幸运，而是因为他们一直在努力。能够一直成功的人也不是因为他们曾经的辉煌，而是因为他们一直在充实自己，拓宽自己的路，尝试更多不同的可能性。只不过一般人只看到了别人的成功，而往往忽略了其背后长期的努力和付出，因此才会用偶然来解释。

化学元素周期表是由俄国著名化学家门捷列夫发现的。关于这个发现，还有一个非常有趣的故事。

一天早上，在经过通宵达旦的研究后，门捷列夫疲倦地躺在书房的沙发上休息。此前，门捷列夫预感到 15 年来一直萦绕心头的元素周期问题即将迎刃而解，所以，几个星期以来，他比以往要更加努力地研究。

从学生时代开始，门捷列夫就对元素与元素之间可能存在的联系充满兴趣，并且利用一切可能的时间对化学元素进行研究，这段时间，他感觉自己的研究有了眉目，应该很快就可以把元素间的联系和规律串在一起了。

因为太过疲劳，在不知不觉中，门捷列夫很快就睡着了。他做了一个梦，在梦中，他突然清晰地看见所有元素排列成周期表浮现在他的眼前。他惊喜万分，随即清醒了过来，并顺手记下了梦中的元素周期表。

元素周期表的发现是一项划时代的成就，在化学史上具有十分重大的意义。因为是在梦中得到灵感，所以有些人将其称为“天才的发现，实现在梦中”。

可门捷列夫却不这样看，他说：“在做那个梦以前，我一直盯着目标，不断努力、不断研究，发现元素周期表是我 15 年努力的必然结果。”

“冰冻三尺，非一日之寒。”做事也是如此，只有经过不断的努力和长时间的积累才能够取得成功。尤其是在当今这个竞争激烈的社会中，不管做什么，想成功都绝非易事。在手机行业中，苹果公司的成功无疑是空前的，但在这巨大成功的背后，创始人乔布斯所付出的巨大努力却并不为人所知。苹果创立初期，手机市场群雄争霸，产品更新换代不断加快，按键手机始终是市场的主流。乔布斯意识到，假如跟随潮流，苹果肯定无法在竞争激烈的市场中占据一席之地。于是，他将目光转向了无人问津的触屏产品。因为技术不够完善以及技术开发艰难，触屏领域一直少有人探索。不只是艰难的开发之路，乔布斯面对的还有同行们的嘲讽，甚至是自己员工的怀疑。但是乔布斯没有退缩，他对成功的渴望近乎狂热，有足够的决心走上这条道路。这条道路一走就是三年，在此期间，苹果始终亏本运营，很多员工纷纷离开，但这些都没有动摇乔布斯的决心。他不断努力攻克难点，完善触屏技术。终于，他凭借成功的决心、不断的努力和时间的磨砺，推出了第一部苹果手机。产品一经问世就轰动全世界，而乔布斯和他的苹果公司也享誉全球。

乔布斯的经历充分证明了成功不是偶然。不仅是王卫、乔布斯这样的企业家，其他领域的成功人士，其成功也都不是偶然。在第 88 届奥斯卡颁奖礼上，莱昂纳多・迪卡普里奥终于获得了奥斯卡最佳男主角。从 1994 年凭借《不一样的天空》得到奥斯卡最佳男配角提名开始，莱昂纳多就与奥斯卡奖项结缘，但一直只是提名，始终未能获奖。2016 年，凭借在电影《荒野猎人》中的出色演出，他终于拿到了这个等待了 22 年的奖杯。

莱昂纳多获奖之前，很多人都相信他一定会获得奥斯卡最佳男主角，但谁也不知道这一天什么时候会到来，因为他一直在用出色的作品证明自己的实力，观众对此有目共睹。没有人会认为他这次得奖是偶然的，这是他 20 多年所有努力的结果。

偶然的幸运是一条人人都希望找到的捷径，但并不是每个人都能将这份幸运真正转化为成功。有些急功近利的人可能取得了一时的成就，但绝对不可能长久，甚至可能会因此走向毁灭的深渊。我们应该认识到，对于成功，偶然和幸运往往只能锦上添花，并不能雪中送炭。我们要向王卫学习，不要奢望通过偶然来获得成功，而是要努力地坚持自己的选择，即使身处低谷也不能轻易放弃。走出低谷之后，我们就已经比之前强大了许多，即使没有偶然和幸运加持，成功也是一种必然。

态度决定一切，用正确的态度追求成功

有什么样的态度就会有什么样的人生。成功的关键不在于出身和智慧，而在于做事的态度。对此，王卫有着深刻的认识，他说："人生有 99% 的东西你都控制不了，只有一个百分点你可以掌控，那就是做事的态度。这个态度都有两面，究竟是采取积极的态度还是消极的态度，是接受正念还是邪念，由你自己来决定。如果你在这方面作出了正确的选择，就会把这一个百分点放大成一百个百分点，弥补其他方面的不足。"

有些人一遇到挫折就会失去信心，就想放弃，他们不明白王卫所说的"人生有 99% 的东西你都控制不了，只有一个百分点你可以掌控，那就是做事的态度"。

例如，对于渴望通过创业改变命运的人而言，如何认识自己目前的"一无所有"，对其以后商业道路的发展至关重要。一般来说，持"反正我也是一贫如洗，再怎么努力奋斗也无济于事"态度的人，必将穷困潦倒，并且一事无成；而抱着"虽然我眼下一无所有，但是我将努力去奋斗"态度的人则将成为真正的胜者。只有正确的态度才有可能为你带来未来的财富。

纽约零售业大王伍尔沃夫青年时代非常贫穷。他在农村工作，一年中几乎有半年的时间是打赤脚。他致富的秘诀就是使自己心中充满积极思想，仅此而已。他借来 300 美元，在纽约开了一家商品售价全是 5 美分的店，有时全天营

业额还不到 1.5 美元，不久后便经营失败。之后他又陆续开了 4 家店铺，有 3 家店完全失败。就在他几乎丧失信心的时候，母亲来探望他，紧紧握住他的手说："不要绝望，总有一天你会成为富翁的。"在母亲的鼓励下，伍尔沃夫面对挫折毫不气馁，更加充满自信地开拓经营，最终一跃成为全美一流的资本家，并建起了当时世界第一高楼，也就是纽约市有名的伍尔沃夫大厦。

其实不只是伍尔沃夫，几乎所有白手起家的创业者，无不具有一个共同的特点——具有正确的态度。成功的创业者总是用积极的态度去支配自己的人生，用积极的态度来面对这个世界、面对一切可能出现的艰难险阻。他们始终用积极的思考、乐观的精神、充实的灵魂和潇洒的态度来支配、控制自己的人生。他们不断地克服困难，从而不断地走向成功。而失败者则精神空虚，受过去经历的种种失败和疑虑的引导和支配，以自卑的心理、失落的灵魂、失望悲观的态度和消极颓废的人生目的做前导，其后果只能是从失败走向新的失败，甚至是沉浸于过去的失败之中，不再奋发向上。

仔细观察比较一下失败者与成功者的心态，尤其是在关键时候的态度，我们就会发现态度会导致人生出现惊人的不同。

在商业培训课中，有一个案例被反复提起：

两个欧洲人到非洲去推销皮鞋。由于天气炎热，非洲人向来都是打赤脚。第一个推销员看到非洲人都打赤脚，立刻失望起来，并放弃了市场开拓；而另一个推销员看到后却惊喜万分："这些人都没有皮鞋穿，这里的皮鞋市场大得很呢！"于是他想方设法引导非洲人购买皮鞋，最后发大财而回。

同样是非洲市场，同样是面对打赤脚的非洲人，由于态度不同，一个人灰心失望，不战而退；而另一个人满怀信心，大获全胜。

可见，正确的态度不仅能使人走出困境，还能使人在同行中出类拔萃。请记住，是我们创造了自己的环境——心理的、情绪的、生理的、精神的——我们的态度决定自己的人生。

逢敌亮剑，“战死也好过做俘虏”

作为经济的“晴雨表”，物流业在 2008 年的金融危机中遭遇历史性低谷，加之在华海外快递巨头的价格战打压，很多公司亏损、倒闭、被收购。面对这种严峻形势，2008 年底，王卫在一次题为《用生命捍卫价值观》的内部讲话中这样说道 :“三年后，顺丰是不是能成为中国民族快递业的骄傲，我们能不能打赢这场与国外对手的保卫战，也许都不重要了。因为，我们要让大家看到的是 : 在中国的速递行业中，曾经有这样一批人，手牵手、心连心，一起努力过 ; 曾经有一家叫顺丰的民营企业，能从心底让对手感到可怕更可敬！人可以输，但不能输掉尊严！死随时都可以，但要死得有价值！——战死，好过做俘虏。我们的团队需要这种视死如归的军人气质。”

在很多业内人士看来，顺丰之所以能够一次次在竞争对手的强大压力下突围，正因为这种“逢敌亮剑”的军人精神已经渗透到了其企业文化中。

“亮剑”一词源于同名热播电视剧。剧中有这样一段话 :“什么叫亮剑，古代剑客们在与对手狭路相逢时，无论对手有多么强大，就算对方是天下第一剑客，明知不敌，也要亮出自己的宝剑，即便倒在对手的剑下，也虽败犹荣，这就是亮剑精神。”

该剧主人公李云龙之所以能打赢许多硬仗，就是因为这种面对强敌敢于亮

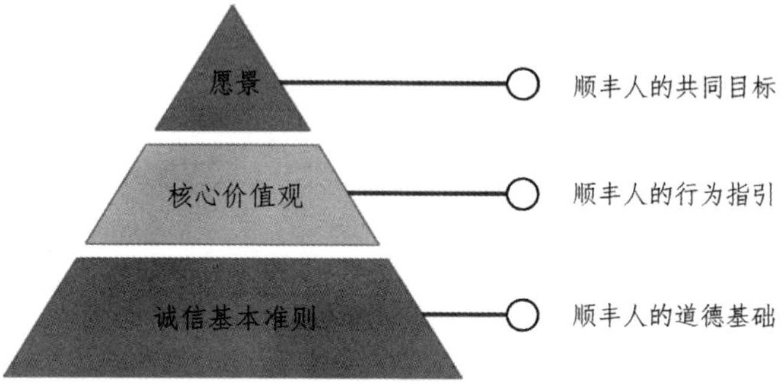

图12-1　顺丰速运企业文化

剑、“战死也好过做俘虏”的强者心态。

而王卫作为中国民营快递业的领军人物，在竞争气质上与李云龙有着惊人的相似。“人可以输，但不能输掉尊严！死随时都可以，但要死得有价值！——战死，好过做俘虏。”王卫的这句话或许没有李云龙说得那样有气势，但道理却有着很多的相似之处。

王卫在竞争时的确有一种类似李云龙的狠劲：他以“战死，好过做俘虏”为精神动力，面对UPS、联邦快递这样强大的竞争对手，敢于亮剑，而不是逃避、退让或者投降。一位业内人士对王卫的这种精神极为佩服，他说：“中国民营快递企业里，不乏嘴上喊坚持民族品牌，一看到国外巨头的收购支票就心软的主儿，唯一一个坚持从来不‘卖身’，对任何收购企图一向严词拒绝的，只有顺丰。”在竞争过程中，王卫又敢于大手笔出击——成立顺丰航空并一次性买入两架飞机，针对的就是海外巨头在空运上的优势。从这两点来看，王卫堪称“商场李云龙”。

在中国商界，与王卫一样具有“亮剑精神”的还有马云。

2003年，阿里巴巴还处于发展初期，并不如现在这样强大。当时，全球行业老大是 eBay，其在全球锋芒毕露，不可一世，众多行家都认为，在电子商务领域，eBay 是不可战胜的。但是马云却不信这个邪，因为他发现，eBay 在亚洲的经营手段和市场存在一定的差距。狭路相逢勇者胜，而且雅虎日本公司在日本 C2C 市场上同 eBay 正面交锋的过程中，拿下了日本 70% 的市场份额。因此，马云相信，eBay 是可以战胜的，不仅在日本可以被战胜，在中国也可以被战胜。

2003 年 6 月 12 日，eBay 正式入主易趣。2002 年，eBay 以 3000 万美元收购易趣 33% 的股份以后，又以 1.5 亿美元的价格收购了余下 67% 的股份，完全控股易趣。随即，eBay 开始把美国的商业模式大规模复制到中国，实现中国市场的赢利似乎近在眼前。

而在此之前，在阿里巴巴公司，一场针对 eBay 易趣的攻击已经在酝酿之中。

2003 年 3 月末的一天，10 名阿里巴巴员工被逐个秘密叫入马云的办公室，每个人都被告知将有一项十分艰巨的“秘密任务”，“可能两三年内回不了家”，如果接受任务，就要签署一份保密协议。此后这 10 名员工集体“失踪”，其中就包括曾在阿里巴巴高层变动中出国留学的孙彤宇。

5 月 10 日，淘宝在“非典”中问世，而两个月前马云交代给那几位员工的秘密任务就是“做一个像 eBay 那样的网站”。

淘宝网建立以后，最大的竞争对手就是 eBay 易趣——世界最大 C2C 网站美国 eBay 的子公司，占据了中国 90% 的市场份额。乍看上去，淘宝似乎完全没有取胜的机会。

2004 年，eBay 将主要精力放到了将易趣与全球平台的对接上，新生的淘宝并没有引起它的重视。然而就在这一年，淘宝利用 eBay 整合期的动荡，集聚了较高的流量和商家。

在此期间，马云也亲临“战场”，身先士卒，亲自主持营销与公关，甚至为自己安排采访计划，精心策划“公关语言”，保持持续的媒体影响力和曝光度，并以“免费”的口号激发网民尝试淘宝的服务。

2006 年，eBay 易趣在中国的市场份额下降到 20%，此后基本上一蹶不振；而淘宝则上升至 72%。一场蚂蚁击败大象的好戏就此谢幕。

与对手竞争时，我们一定要以强者自居，要自信坚定、冷静沉稳。我们可以被对手击败，但一定不能做俘虏；我们可以被对手打败，但决不能被自己的弱者心态打败。如王卫、马云一般，逢敌敢于亮剑，敢于与强者竞争，那么无论结果是输是赢，总有一天，你也一定会变成真正的强者。

人，不能没有信仰

作为知名企业家，王卫是国内到目前为止少数几个信仰为公众所知的企业家。我们前文也多次讲过，正是因为信仰佛教，王卫才变得低调，学会了自律和感恩，懂得了因果关系。

企业家是十足的经济动物，他们要么是具有王者风范的雄狮，要么是风格厚重稳健的大象，要么是性格强悍霸气的狼。在生活上，他们对朋友和伙伴关怀备至、宅心仁厚，但在商场上，他们是寸土必争、分毫不让。在敦厚的外表下，企业家有着一颗坚强的心，一颗永恒追逐利润的心。这样的企业家，需要有自己的信仰吗？

中国的企业家很少和别人谈企业信仰。一个很重要的原因就是谈及信仰就很可能牵涉到一个人心灵最隐秘的角落，也是人性中最软弱的地方。无论是怎样的企业家，都不敢在这个弱肉强食的世界暴露自己的弱点。

还有一个有趣的例子，可以表明信仰对企业家的重要意义。

一次，阿里巴巴集团的主席马云去参加一档电视节目，当主持人问到信仰这个比较隐私的问题时，马云并没有谈具体的信仰，而是谈到了他亲身经历的小故事。

1995 年，马云刚开始搞互联网，被别人骂作“疯子”，四处碰壁。那个时候他正好在国外，一个周末，一个相交多年的朋友离开了，让他感到非常郁闷。这时，当地的朋友邀请他一起去教堂，他百无聊赖便跟着去了。在教堂里，牧师讲到，“二战”时期，英国受德国侵略，形势严峻，丘吉尔要发表一场全国广播演讲。所有英国人都在那天早晨打开了收音机，在那次演讲中，丘吉尔留下了一句著名的话——“Never Never Never Give Up.”（“永不放弃。”）“我那个时候就觉得是冥冥中有人在对我说。”马云说道。

这个故事很有趣，在谈到信仰的时候，马云说：“我不知道什么是信仰，但是我开始做互联网，当时就是想着，如果我不做，别人来做，但又做歪了或者做的不是我想的样子，那是很难受的。那个时候我就相信，这个事情如果我不做，别人就做不好。我不知道什么是信仰，但就是这样的想法让我一直坚持到现在。蒙牛杨总讲他背后有 200 万奶农支撑着他继续努力做下去，我现在也有几千万网商支撑我必须努力做下去。”

事实上，历数欧美那些十分成功的商人，有信仰者占大半。如石油大亨洛克菲勒是清教浸礼会教徒、IBM 创始人老沃森是新教徒、沃尔玛创始人沃尔顿是卫理公会信徒、通用电气的杰克·韦尔奇是基督徒、戴尔董事长戴尔是犹太教徒、戴尔 CEO 罗林斯是摩门教徒、汇丰银行 CEO 埃尔顿则是一个圣公会牧师。

信仰不仅对企业家有着重要意义，对于每一个人都不可或缺。

有三只青蛙一同掉进了一只装满鲜奶的桶中。第一只青蛙说：“这是神的旨意。”于是，它缩起后腿，一动也不动。

第二只青蛙说：“这只木桶太深了，我实在没有办法跳出去。”说完，也不动了。不久，这两只青蛙都被淹死了。

只有第三只青蛙没有放弃努力。它想：“只要我的后腿还有些力气，我就一定要把头伸到鲜奶上面。”它就这样慢慢地游啊，游啊。忽然，它觉得自己的腿碰到了一些硬硬的东西，试试，居然能够站在上面。原来，它不停地游来游去，把鲜奶搅成了奶油。于是第三只青蛙站在奶油上面，一跃跳到了桶外。

关于这个故事有很多种诠释，其中最重要的一种，就是认为它讲的是一个关于信仰的故事。你心中有什么样的信仰，就会得到什么样的结果。

哲学家萨特说过：“世界上有两样东西是亘古不变的，一是高悬在我们头顶上的日月星辰，一是深藏在每个人心底的高贵信仰。”

丹麦哲学家基尔凯郭尔认为，人生有三个状态、三个阶段：一是审美，获得感官需要，仅此，摆脱不了名利的束缚；二是道德，体验善恶、苦乐，追求善良、正直、节制，如此，也只是个“好人”，而非“完整的人”；三是信仰，有信仰者就会超脱世俗功利，利他助人、奉献社会。

人作为高级动物，总有自己的理想和信仰。古代“女娲补天”“精卫填海”“嫦娥奔月”的传说，以及遍及中国的庙宇，都蕴含着人们的某种信仰。

人有了信仰，就有了精神力量。如果信仰是崇高的，人就会努力使自己成为具有高尚思想境界和道德品质的人，不断努力去追求自己的理想，塑造一个美好的社会角色。如果信仰是有偏差的，那么人的人生观、世界观就是扭曲的，这样的人也会因为他扭曲的信仰作出疯狂的举动，从而危害自身、危害社会。所以说，人，不能没有信仰。

做画家，而不是一辈子做画匠

在外界眼中，王卫是一个很难理解的人。他不在乎金钱，也不想让自己出名，只是专注于做好顺丰，心无旁骛。王卫曾经这样说："同样是画画，有人一辈子为画匠，有人却是画家。"这是什么意思呢？先来看一则小故事。

阿道夫·门采尔是 19 世纪德国著名画家。有一天，他耐心倾听一位画家诉苦。那位画家说："我真不明白，为什么我画一幅画只需要一天时间，可卖掉它，却要等上一年。"

门采尔认真地回答："亲爱的！请你颠倒过来试试吧！要是你花一年工夫去画它，那你在一天里准能卖出去！"

"请你颠倒过来试试吧！"门采尔的这句话，巧妙地说明了画家和画匠的一个重要区别：所谓画匠，只不过是"依葫芦画瓢"，完成工作，深圳某油画村就有大量以此谋生的画匠；而画家则会全身心投入其中，将画画到最好。所以，世上的画匠千千万万，而画家却永远只有少数。

显然，王卫希望自己能成为一名画家。在谈到中国民营快递企业与国际巨头的差距时，他直言缺乏战略眼光是中国民营企业的短板。这个"只关心物流、物流以外的事情都不关心"的人，身上有着一种"要做就做到最好"的专注精神，而这也正是马云衷心佩服他的地方。

事实上，无论从事什么行业、做什么工作，既然做，就应该像王卫那样，将其做到最好。

沃尔特·克朗凯特是美国著名的电视新闻节目主持人。被誉为“电视主持人之父”的他从孩提时代就开始对新闻感兴趣，并在14岁时成为学校自办报纸《校园新闻》的小记者。

休斯敦市一家日报社的新闻编辑弗雷德·伯尼，每周都会到克朗凯特所在的学校讲授一个小时的新闻课程，并指导《校园新闻》报的编辑工作。

有一次，克朗凯特负责采写一篇关于学校田径教练卡普·哈丁的文章。由于当天有一个同学聚会，克朗凯特没有好好采写，而是敷衍了事地写了篇稿子就交了上去。

第二天，弗雷德·伯尼把克朗凯特单独叫到办公室，指着那篇文章对他说：“克朗凯特，这篇文章很糟糕，你没有问他该问的问题，也没有对他做全面的报道，你甚至没有搞清楚他是干什么的。你怎么能这样做呢？”接着，他又说了一句令克朗凯特终生难忘的话：“克朗凯特，你要记住一点，如果有什么事情值得去做，就值得把它做到最好。”

后来，克朗凯特进入了新闻行业。有一次他进行了一个重要采访，写出了一篇很不错的报道。但是，他并没有匆忙将稿件上交，而是抱着精益求精的态度再次通读，结果发现这篇报道的侧重点出现了偏差。

这是星期五的下午，他已经很累了，周末还有重要的安排。怎么办？是修改还是就这样将这篇看起来也不错的稿件交上去？犹豫之下，他突然想到了伯尼对他说过的话。

是啊，假如这件事值得你去做，就一定值得做到最好。既然这篇报道值得去写，那为什么不写到最好呢？

于是，他开始对文章进行大幅度修改，直到自己满意为止，并且赶在第二天早上将这篇文章交给了主编，发出了一篇既真实又引起了强烈反响的报道。

“如果有什么事情值得去做，就值得把它做到最好。”这句话成了克朗凯特的座右铭，一直鞭策了他 70 多年，正是因为这句话，克朗凯特日后才能成为享誉世界的“电视主持人之父”。

“如果有什么事情值得去做，就值得把它做到最好。”这是每一位有志于成功的人都应该牢记的信条。即使现在你的能力只能当一个画匠，也应该保持一种画家的精神，全身心地投入工作中，像画家对待艺术那样对待自己的工作，把工作做到最好、做到极致。

要么出众，要么出局，这是成功的普遍法则。如果不想出局，就要竭尽全力做到最好，只有这样，你才能从众多竞争者中脱颖而出。相反，凡事都只是做到“差不多”或者“将就”，那你永远都不可能变得出众，而且随时都可能被踢出局。

即使是夹缝中的杂草，也要顽强地挺出头

几乎每一个创业者都有身陷“夹缝”的时候，市场空间饱和、资金短缺、竞争对手挤压、消费者需求转变等都可能让创业者遭受严重挫折。但是成功的创业者，总能像夹缝中的杂草一样抓住一切机会，拼命吸收阳光雨露，努力生存并寻求发展壮大的机会。

1997 年香港回归之前，中铁快运想通过铁路打开香港的快件市场，于是便派代表前往广东，与当地官员商榷，却被告知当地已经有一家企业垄断了几

乎所有通港业务，这家公司就是顺丰速运。自此，顺丰的巨大实力才被外界渐渐知晓。

其实，从 1993 年创立顺丰到 1996 年，王卫带领的顺丰速运已经基本垄断了华南地区的快递市场。但当时很多广东人都不知道顺丰是一家什么样的企业，华南以外的快递同行也很少有人知道存在这么一个极其强大的对手。顺丰似乎在一夜之间就释放出了巨大的威力，成为快递行业迅猛发展的超级新秀。顺丰的发展和其低调的风格有着紧密的联系，但也与其不怕挫折、永不放弃的坚持精神息息相关。正是因为一直保持着这种低调的坚持精神，顺丰才能在竞争惨烈的市场中左突右杀，度过一次次危机，成为今日的行业领头羊。

顺丰创业之初，与多数同行“快递优则物流”的思路不同，王卫坚持只做快递,而且只做小件,不做重货。当时,顺丰的主要业务是文件或者单据的派送，这对 EMS 来说无疑是一个不小的冲击。同时，当时《中华人民共和国邮政法》还未修订，顺丰和“四通一达”等民营快递严格来说都是非法的。为此，顺丰没少被搜查与追堵。和“桐庐系”不同，王卫对此从不争辩，也不计较，只是默默地缴纳罚金。据说有一次罚款额高达 500 万元，这对当时的顺丰来说可是一笔不小的数目。即使在这样处处受制的夹缝中，王卫也依然乐观，积极寻求把顺丰做大做强的路子，他还充满感恩地对员工说：“没有 EMS，也就没有顺丰。”这是实话并非嘲讽，因为在王卫看来，如果没有 EMS 无数次在国际舞台上坚持与四大跨国快递巨头周旋的决心和魄力，中国仅存的几家民营快递企业很有可能早就被吞并了。

2000 年以后，快递行业发展势头迅猛，越来越多的人看到了其中的商机，不少人依靠一间老房子、一部联系业务的电话、一辆送货取货的电动车，成立了夫妻或者兄弟搭档的街道快递公司。一方面，这些小作坊式的快递店看似毫不起眼，但随着数量越来越多，给顺丰、“四通一达”等大快递公司带来了不少麻烦。

另一方面，这些作坊式快递企业规模小、操作不规范、服务质量差，导致人们对整个快递行业产生了不信任感，严重损害了顺丰这样的快递企业千辛万苦建立起来的良好口碑。顺丰的处境十分艰难，真如同夹缝中的杂草一样。为了生存，顺丰不放弃任何发展机会，不断提高自身的硬实力与软实力。

2009年《中华人民共和国邮政法》修订，大批作坊式民营快递公司因为不合要求，纷纷被淘汰出局，连“四通一达”在那一段时间都是危如累卵。只有顺丰，不仅安然无事，还脱颖而出，真正成为民营快递企业的“领头羊”。

不只是王卫，在商业社会中，翻开任何一个成功创业者的案例，你都可以看到他们是如何凭着坚韧不拔的毅力和不屈不挠的精神创业的。

肯德基创始人桑德斯上校的创业经历就是一个绝好的案例。

最开始创业时，桑德斯上校已经65岁了，这个年龄是大多数人安享晚年的时候。但当时的桑德斯非常贫穷，靠着美国政府发放的少得可怜的救济金生活。一次，他看着领到的105美元救济金，心想：“我难道就这么一直活下去么？我是否应当为人们做点什么，否则我只会也只能对着微薄的救济金感叹。”

桑德斯开始思考，自己能干点什么呢？第一个涌上他心头的答案是：“我擅长炸鸡，亲戚朋友都爱吃，而且我的制作方法是独创的，别人都不会，我可以利用炸鸡秘方赚取财富，也为社会做点贡献。”

有了创业项目不等于就能创业，还需要启动资金，而且桑德斯在精力、年龄等方面也不适合独自创业。那么，怎么才能实现自己的理想呢？桑德斯认为最切实可行的方法就是与人合伙，用别人的钱来为自己赚钱。桑德斯选择的这条道路是可行的，但又有谁愿意把自己的钱交给一个65岁并且身无分文的人去经营生意呢？这不是拿着钱去冒险吗？可想而知，桑德斯选择的这条创业道路虽然可行，但却充满艰辛，没有顽强坚韧的毅力是很难走下去的。

桑德斯上校显然有这个毅力。他带着自己的创业计划挨家挨户地敲门，把自己的想法告诉每一家餐馆。和大多数人预想的一样，当桑德斯敲开门时，几乎所有的人都冷言冷语、以嘲讽的态度对待他，甚至还有些人误以为他是精神病患者。所有的人都认为，这么大的年龄还想创业，这不是开玩笑吗？但是，桑德斯并不气馁，他坚信人们拒绝他只是上帝对他的考验。桑德斯以顽强的毅力坚持前行，他的足迹遍及美国的每一个角落，逢人便说他的计划。终于，在向人们诉说了1008次后，桑德斯的计划被接受了，于是才有了今天遍及全球的肯德基炸鸡店。

有谁能够在两年的时间里，带着自己的创业计划和创业梦想，走遍整个国家，并且在经历了1008次的拒绝之后还能够热情依旧、初衷不改、锲而不舍地走下去呢？能够做到这一点的人恐怕在这个世界上不会再找出第二个。桑德斯做到了，他以自己的顽强毅力做到了。

和许多成功的创业者一样，王卫坚信，身处逆境，只有坚持不断奋进才能求得生存，才能有发展壮大的可能。世界上没有任何道路可以一帆风顺地走下去，那只是人们的一种美好愿望。正如人们常说的，“不经历风雨，怎能见彩虹”，要想看到瑰丽的彩虹，必须经历风风雨雨。要想成功创业，就要像王卫、桑德斯上校一样认准目标，坚持到底，即使遇到千难万难也不放弃追求，不言失败，不退缩，不向命运屈服。

附　录

2014年顺丰内刊署名文章：服务质量是企业的“生命线”

做好服务需视客户为老板

为什么我们现在要这么强调服务质量？因为我明显感觉到我们的服务质量在下降，而且这种下降不是某个地区或者某个业务范围内的个案，而是具有一定的普遍性。在我看来，这是一件相当严重的事情，因为服务质量下降表示我们正在跟其他快递公司趋同，如果我们不能走差异化的路线，或者说不能在服务质量上跟其他竞争对手拉开一定距离的话，我们未来的发展是很危险的。所以，服务质量对于顺丰来说，是一条关乎生死的“生命线”。

另外，就是在目前的服务质量问题中，比较普遍的是收派员的服务态度问题。如果是在某些操作上或者是客户在不同产品的感知上偶尔出现一些小瑕疵，是可以理解的。但是我们的收派员服务态度不好，这是我最担心和最不能接受的。我曾经多次强调，我们的收派员应该视客户而不是我王卫为老板，现在的情况是不少人对待“老板”的态度变差了。这传递出一个信号，那就是我们公司的人员质量和管理质量在下降，还有就是公司在培训、监控等很多地方都没有做到位，相应的机制没有完全发挥出应有的作用。

一直以来，好的服务和品牌都是顺丰发展的根基，如果我们在追求发展的同时，客户对我们的服务感知和品牌美誉度却在下降，那么还何谈未来？这样的所谓“发展”又有什么意义呢？

业务决定收入，服务决定去留

有人说，考核的大棒打到哪里，执行就落实到哪里，公司转型后的激励调整似乎是在鼓励大家一边倒地追求业务量。其实这是一种误读。我们在一开始设计考核机制的时候，就已经考虑到导向性的问题，那就是——业务做得多少决定你的收入多少，质量做得好坏决定你能不能在这个岗位上继续做下去。客户满意度和员工满意度具有一票否决权，哪怕你业务量做得再好，但是在服务质量或是客户满意度（包括员工满意度）上做得不到位，整个区域的所有管理者，奖金都会归零，并且影响升迁。

去年我们开始采用这个新的激励机制，一年下来，最终呈现的结果是，客户服务质量和满意度下降了1个百分点，员工满意度上升了5个百分点。从数据上看，似乎都还过得去，但对于这两个数据我其实是不太相信的。就我的主观感知来说，客户满意度下降得不只这么少，而员工满意度上升得没有这么多。今年在员工满意度调查方面，我们会把部分属于“既得利益者”的三线员工剔除在外。另外，在客户满意度和服务质量管控方面，会进一步加大力度，相信届时的客户满意度应该会有一定程度的改善。但是从目前二季度反映出来的情况看，改善还不明显。当然，我也知道，从下大力气去抓到真正有所改善，中间还需要一个过程。

制度需与时俱进，人员需提升效能

谈了这么多，我不禁想追问一下，目前造成我们服务质量下滑的主要原因有哪些？可能有人会说制度、流程、系统、工具、人员等方方面面都存在着一定的改进和提升空间。在这里我想重点讲讲制度和人员的问题。

首先是制度层面的。坦白说，现在公司有多少制度是严格按照规定在执行，恐怕要打上一个大大的问号；另外，就是这些正在执行的制度流程有多长时间没有更新过，现在公司发展这么快，我们的制度流程有没有做到与时俱进，恐怕也很难得到一个肯定的答案；还有就是，可能某些管理部门或是管理者个人自身对公司的很多制度流程都不太清楚。

当然，这也不能完全怪到某个人头上，主要是因为我们现在的员工变动太快，知识和人员都没能很好地沉淀下来。像我们的很多同事，基本上不到两年就换一个岗位，一般岗位人员换得多的，不论是换过来的人还是整个部门，要想做得好都比较困难。但是现在公司成立了那么多事业部，有那么多新的部门新的岗位急需人手，你是让人员先沉淀还是先上岗把相应的业务或工作开展起来？所以这也是一个两难的局面，短期内还无解，只能是边做边调整。

说到人员问题就不能不提我们每年的新员工增长。每年净增的员工数量过大，或者是人员的流动过于频繁也是造成服务质量不稳定的一个重要因素。按照目前的发展趋势，预计今年公司会净增员工 6 万~7 万人。一般来说，总共有六七万人就算是一家相当大的公司了，而我们光一年的净增就有这个数，管理难度可想而知。这么短的时间招那么多人，既要达到一定的量，还要达到一定的服务质量，这对于我们的招聘及用人部门都是一个非常大的考验。但是没有办法，公司的发展步伐需要我们这么做，我们就必须做好，不能说其他暂停发展，我做好了服务质量再去抓市场，因为这两者既互相促进又互为因果。在现有大环境下，我们既要考虑市场占有率又要考虑服务质量，因为服务质量也是保证市场占有率的关键因素之一。

接下来我们经过一轮紧锣密鼓的招聘之后，就要把相应岗位的人员都沉淀下来。而沉淀的首要保证就是做好培训，这一块我希望能够做到更加科学、更加系统，形成制度，变成“标配”——用制度来管理人的前提是要用制度来培训人、塑造人。另外，就是在完善流程、制度、工具、培训之后，能够真正提升人均效能，快递虽然是劳动密集型行业，但是完全用人海战术来提供服务恐怕也很难跟上时代的发展。同时，我们还要进一步完善服务质量监控体系，把来自方方面面的客户投诉或建议等声音完全吸收过来，及时做出分析，并且对应各个问题第一时间做出回应处理。这样才能既解决短期的问题又照顾到中期（长期发展可能要考虑到更多的因素）的发展需要。

最后，我想说的是，顺丰能够取得今天的成绩，靠的是好的服务和品牌，而我们全体员工又都是在这个品牌下面谋发展，一个好的品牌可能要十几甚至几十年才能建立起来，但是毁掉它却可能是一夕之间的事，因此我们要像鸟儿爱惜羽毛一样爱惜我们的品牌，并竭尽所能为客户提供最好的服务，真正发挥出顺丰应有的价值！

2019 年 4 月 12 日王卫在“丰声”上的讲话

有员工说我变了，我在自我反省，也反省了很长一段时间。我有了结论，不是我变心了，只是我是上市还没有适应过来，太看短期了，没有坚定我对员工和客户的初心，可能这就是根本原因。

我绝对没有因为上市后我变王老板了！我反而更希望好像以前一样那么自由，更不喜欢我们员工对我的看法或对公司的情感都变了，公司内部的氛围都变了，更急功近利了。

我们的小哥除了上市那时候的红包以后好像就没有得到好处。我每月都在努力完成上市的对赌承诺，就没有想过大家，还为了完善上市公司的合规，做了一些调整。想想真很差劲，我对不起大家！

特别是我们前线的一哥，所以我在这段时间必须放下眼前和短线的利益，员工的幸福才是我王卫长期努力的方向。尽管公司有压力，我必须要坚持去做对的事。

今天我在这里请所有的员工作证，我还是顺丰的王卫！还是你的总裁！我会尽力去做！

到年底请大家给我一个评价！